HISTOIRE

DE MA VIE.

PARIS, TYPOGRAPHIE DE HENRI PLON,
RUE GARANCIÈRE, 8.

HISTOIRE
DE MA VIE

PAR

GEORGE SAND.

Charité envers les autres;
Dignité envers soi-même;
Sincérité devant Dieu.

Telle est l'épigraphe du livre que j'entreprends.

15 avril 1847.

GEORGE SAND.

TOME QUINZIÈME.

PARIS
VICTOR LECOU, ÉDITEUR,
RUE DU BOULOI, 10.
1855

TROISIÈME PARTIE.
(*SUITE.*)

CHAPITRE VINGTIÈME.
(Suite.)

Ouverture du testament. — Clause illégale. — Résistance de ma mère. — Je quitte Nohant. — Paris, Clotilde. — 1823. — Deschartres à Paris. — Mon serment. — Rupture avec ma famille paternelle. — Mon cousin Auguste. — Divorce avec la noblesse. — Souffrances domestiques.

Il me faisait bien certaines recom-
mandations de respect et de déférence envers madame de Villeneuve,
qui me donnaient à penser qu'il
n'était pas le maître absolu chez lui;
mais ma cousine n'était pas dévote
alors, et tenait surtout aux manières

1.

et au savoir-vivre. Comme je m'in-
quiétais de ma rusticité, il m'assura
qu'il n'y paraissait pas quand je
voulais, et qu'il ne s'agissait que de
vouloir toujours. « Au reste, me
disait-il, si tu trouves quelquefois
ta cousine un peu sévère, tu feras
à ses exigences du moment le sacrifice de ta petite vanité d'écolier, et
aussitôt qu'elle t'aura vue plier de
bonne grâce, elle t'en récompensera
par un grand esprit de justice et
de générosité. Chenonceaux te sem-
blera un paradis terrestre, à toi qui
n'as jamais rien vu, et si tu y as
quelques moments de contrainte, je
saurai te les faire oublier. Je sens
que tu me seras une société charmante : nous lirons, nous disserte-

rons, nous courrons, et même nous
rirons ensemble, car je vois que tu
es gaie aussi, quand tu n'as pas
trop de sujets de chagrin. »

Je m'en remettais donc à lui de
mon sort futur avec une grande
confiance. Il m'assurait aussi que sa
fille Emma, madame de la Roche-
Aymon, partageait la sympathie
particulière que j'avais toujours eue
pour elle, et qu'à nous trois nous
oublierions la gêne du monde, que
ni elle ni lui n'aimaient plus que
moi.

Il m'avait également parlé de ma
mère, sans aigreur et en termes
très-convenables, en me confirmant

tout ce que ma grand'mère m'avait
dit en dernier lieu de son peu de
désir de m'avoir avec elle. Loin de
me prescrire une rupture absolue,
il m'encourageait à persister dans
ma déférence envers elle. « Seulement, me disait-il, puisque le lien
entre vous semble se détendre de
lui-même, ne le resserre pas im-
prudemment, ne lui écris pas plus
qu'elle ne paraît le souhaiter et ne
te plains pas de la froideur qu'elle
te témoigne. C'est ce qui peut arriver de mieux. »

Cette prescription me fut pénible.
Malgré tout ce que j'y trouvais de
sage, et peut-être de nécessaire au
bonheur de ma mère elle-même,

mon cœur avait toujours pour elle
des élans passionnés, suivis d'une
morne tristesse. Je ne me disais
pas qu'elle ne m'aimait point ; je
sentais qu'elle m'en voulait trop
d'aimer ma grand'mère pour n'être
pas jalouse aussi à sa manière :
mais cette manière m'effrayait, je
ne la connaissais pas. Jusqu'à ces
derniers temps, ma préférence pour
elle lui avait été trop bien démon-
trée.

Quand, après quelques mois, et
au lendemain de la mort de ma
grand'mère, mon cousin René revint
pour m'emmener, j'étais bien décidée
à le suivre. Pourtant l'arrivée de
ma mère me bouleversa. Ses pre-

mières caresses furent si ardentes
et si vraies, j'étais si heureuse aussi
de revoir ma petite tante Lucie,
avec son parler populaire, sa gaieté,
sa vivacité, sa franchise et ses ma-
ternelles gâteries, que je me flattai
d'avoir retrouvé le rêve de bonheur
de mon enfance dans la famille de
ma mère.

Mais, au bout d'un quart d'heure
tout au plus, ma mère, très-irritée
par la fatigue du voyage, par la
présence de M. de Villeneuve, par
les airs refrognés de Deschartres, et
surtout par les douloureux souvenirs de Nohant, exhala toutes les
amertumes amassées dans son cœur
contre ma grand'mère. Incapable de

se contenir, malgré les efforts de
ma tante pour la calmer et pour
atténuer par des plaisanteries l'effet
de ce qu'elle appelait ses *exagéra-
tions*, elle me fit voir qu'un abîme
s'était creusé à mon insu entre
nous, et que le fantôme de la pauvre morte se placerait là longtemps
pour nous désespérer.

Ses invectives contre elle me
consternèrent. Je les avais enten-
dues autrefois, mais je ne les avais
pas toujours comprises. Je n'y avais
vu que des rigueurs à blâmer, des
ridicules à supporter. Maintenant
elle était accusée de vices de cœur,
cette pauvre sainte femme! Ma mère,
je dois le dire aussi, ma pauvre mère

disait des choses inouïes dans la colère.

Ma résistance ferme et froide à
ce torrent d'injustice la révolta. J'é-
tais, certes, bien émue intérieure-
ment, mais la voyant si exaltée, je
pensais devoir me contenir, et lui
montrer, dès le premier orage, une
volonté inébranlable de respecter le
souvenir de ma bienfaitrice. Comme
cette révolte contre ses sentiments
était par elle-même bien assez of-
fensante pour son dépit, je ne
croyais pas pouvoir y mettre trop
de formes, trop de calme apparent,
trop d'empire sur ma secrète indignation.

Cet effort de raison, ce sacrifice

de ma propre colère intérieure au
sentiment du devoir, était précisé-
ment ce que je pouvais imaginer
de pire avec une nature comme
celle de ma mère. Il eût fallu faire
comme elle, crier, tempêter, casser
quelque chose, l'effrayer enfin, lui
faire croire que j'étais aussi violente
qu'elle et qu'elle n'aurait pas bon
marché de moi.

« Tu t'y prends tout de travers,
me dit ma tante quand nous fûmes seules ensemble. Tu es trop
tranquille et trop fière; ce n'est pas
comme cela qu'il faut se conduire
avec ma sœur. Je la connais bien,
moi! Elle est mon aînée, et elle
m'aurait rendue bien malheureuse

dans mon enfance et dans ma jeunesse si j'avais fait comme toi; mais
quand je la voyais de mauvaise humeur et couvant une grosse que-
relle, je la taquinais et me moquais
d'elle jusqu'à ce que je l'eusse fait
éclater. Ça allait plus vite. Alors
quand je la sentais bien montée,
je me fâchais aussi, et tout à coup
je lui disais : « En voilà assez;
veux-tu m'embrasser et faire la
paix? Dépêche-toi, car sans cela je
te quitte. » Elle revenait aussi-tôt,
et la crainte de me voir recommencer
l'empêchait de recommencer trop
souvent elle-même. »

Je ne pus profiter de ce conseil.
Je n'étais pas la sœur, l'égale par

conséquent, de cette femme ardente
et infortunée. J'étais sa fille. Je ne
pouvais oublier le sentiment et les
formes du respect. Quand elle revenait d'elle-même, je lui restituais
ma tendresse avec tous ses témoi-
gnages; mais il m'était impossible de
prévenir ce retour en allant baiser
des lèvres encore chaudes d'injures
contre celle que je vénérais.

L'ouverture du testament amena
de nouvelles tempêtes. Ma mère,
prévenue par quelqu'un qui trahis-
sait tous les secrets de ma grand'-
mère (je n'ai jamais su qui), con-
naissait depuis longtemps la clause
qui me séparait d'elle. Elle savait

aussi mon adhésion à cette clause :
de là sa colère anticipée.

Elle feignit d'ignorer tout jusqu'au
dernier moment, et nous nous flat-
tions encore, mon cousin et moi,
que l'espèce d'aversion qu'elle me
témoignait lui ferait accepter avec
empressement cette disposition tes-
tamentaire; mais elle était armée
de toutes pièces pour en accueillir
la déclaration. Sans doute quelqu'un
l'avait influencée d'avance, et lui
avait fait voir là une injure qu'elle
ne devait point accepter. Elle déclara donc très-nettement qu'elle ne
se laisserait pas réputer indigne de
garder sa fille, qu'elle savait la
clause nulle, puisqu'elle était ma

tutrice naturelle et légitime, qu'elle invoquait la loi, et que ni prières ni menaces ne la feraient renoncer à son droit, qui était effectivement complet et absolu.

Qui m'eût dit cinq ans auparavant que cette réunion tant désirée serait un chagrin et un malheur pour moi? Elle me rappela ces jours de ma passion pour elle et me reprocha amèrement d'avoir laissé corrompre mon cœur par ma grand'mère et par Deschartres. « Ah! ma pauvre mère, m'écriai-je, que ne m'avez-vous prise au mot dans ce temps-là! Je n'aurais rien regretté alors. J'aurais tout quitté pour vous. Pourquoi m'avez-vous trompée dans

mes espérances et abandonnée si
complétement? J'ai douté de votre
tendresse, je l'avoue. Et à présent,
que faites-vous? Vous brisez, vous
blessez mortellement ce cœur que
vous voulez guérir et ramener! Vous
savez qu'il a fallu quatre ans à ma
grand'mère pour me faire oublier
un moment d'injustice contre vous,
et vous m'accablez tous les jours, à
toute heure, de vos injustices contre
elle! »

Comme, d'ailleurs, je me soumet-
tais sans murmure à sa volonté de
me garder avec elle, elle parut s'a-
paiser. La politesse extrême de mon
cousin la désarmait par moments.
Elle ne ferma pas tout à fait l'o-

reille à l'idée de me permettre de
rentrer au couvent, comme pensionnaire en chambre, et j'en écrivis à
madame Alicia et à la supérieure,
afin d'avoir une retraite toute prête
à me recevoir aussitôt que j'aurais
conquis la permission d'en profiter.

Il ne se trouva pas un logement
vacant, grand comme la main, aux
Anglaises. On m'aurait reprise volontiers comme pensionnaire en
classe ; mais ma mère ne voulait
pas qu'il en fût ainsi, disant qu'elle
comptait me faire sortir sans en
être empêchée par les règlements,
qu'elle voulait me marier à sa guise,
par conséquent, n'avoir pas, dans
ses relations avec moi, l'obstacle

XV.   2

d'une grille et d'une consigne de
tourière.

Mon cousin me quitta en me disant de prendre courage et de persister avec douceur et adresse dans le
désir d'aller au couvent. Il me pro-
mettait de s'occuper de me caser au
Sacré-Cœur ou à l'Abbaye-aux-Bois.

Ma mère ne voulait pas entendre
parler de rester avec moi à Nohant, encore moins de m'y laisser
avec Deschartres et Julie, l'une qui
y conservait son logement selon le
désir exprimé par ma grand'mère,
l'autre qui, ayant encore une année
de bail, devait y rester comme fer-
mier. Ma mère ne savait vivre qu'à

Paris, et pourtant elle avait l'intuition vraie de la poésie des champs,
l'amour et le talent du jardinage et
une grande simplicité de goûts;
mais elle arrivait à l'âge où les habitudes sont impérieuses. Il lui fallait le bruit de la rue et le mouvement des boulevards. Ma sœur
était tout récemment mariée; nous
devions habiter, ma mère et moi,
l'appartement de ma grand'mère,
rue Neuve-des-Mathurins.

Je quittai Nohant avec un serre-
ment de cœur pareil à celui que
j'avais éprouvé en quittant les Anglaises. J'y laissais toutes mes habitudes studieuses, tous mes souvenirs de cœur, et mon pauvre

2.

Deschartres seul et comme abruti de tristesse.

Ma mère ne me laissa emporter que quelques livres de prédilection. Elle avait un profond mépris pour ce qu'elle appelait mon originalité. Elle me permit cependant de garder ma femme de chambre Sophie, à laquelle j'étais attachée, et d'emmener mon chien.

Je ne sais plus quelle circonstance nous empêcha de nous installer de suite rue Neuve-des-Mathurins. Peut-être une levée de scellés à faire. Nous descendîmes chez ma tante, rue de Bourgogne, et nous y passâmes une quinzaine

avant de nous installer dans l'appartement de ma grand'mère.

J'eus une grande consolation à retrouver ma cousine Clotilde, belle
et bonne âme, droite, courageuse,
discrète, fidèle aux affections, avec
un caractère charmant, un enjoue-
ment soutenu, des talents et la
science du cœur, préférable à celle
des livres. Quelque enveloppées d'o-
rages domestiques que nous fussions
alors, il n'y eut jamais, ni alors
ni depuis, un nuage entre nous
deux. Elle aussi me trouvait un peu
originale; mais elle trouvait cela
très-joli, *très-amusant* et *m'aimait*
comme j'étais.

Sa douce gaieté était un baume

pour moi. Quelque malheureuse ou
intempestivement tournée aux choses sérieuses que l'on soit, on a
besoin de rire et de folâtrer à dix-
sept ans, comme on a besoin
d'exister. Ah! si j'avais eu à Nohant cette adorable compagne, je
n'aurais peut-être jamais lu tant de
belles choses, mais j'aurais aimé et
accepté la vie.

Nous fîmes beaucoup de musique
ensemble, nous apprenant l'une à
l'autre ce que nous savions un peu,
moi lire, elle dire. Sa voix, un
peu voilée, était d'une souplesse extrême et sa prononciation facile et
agréable. Quand je me mettais avec
elle au piano, j'oubliais tout.

A cette époque se place une circonstance qui m'impressionna beaucoup, non qu'elle soit bien impor-
tante, mais parce qu'elle me mettait
aux prises, dès mon entrée dans la
vie, avec certaines probabilités en-
trevues d'avance. Deschartres fut appelé à venir rendre à une assemblée
de famille compte de son adminis-
tration. Cela se passait chez ma
tante. Mon oncle, qui faisait carré-
ment les choses et qui était le conseil de ma mère, trouvait une
lacune dans le payement des fer-
mes, une lacune de trois ans, par
conséquent dix-huit mille francs à
réclamer à Deschartres. On avait
appelé, je ne sais plus pourquoi, un
avoué à cette conférence.

En effet, il y avait trois ans que Deschartres n'avait payé. J'ignore si, par tolérance ou par crainte de le laisser ruiné, ma grand'mère lui avait donné quittance d'une partie; mais ces quittances ne se trouvèrent point. Quant à moi, je n'avais rien touché de lui et ne lui avais, par conséquent, donné aucune décharge.

Le pauvre grand homme avait, comme je l'ai dit, acheté un petit domaine dans les landes, non loin de chez nous. Comme il avait plus d'imagination que de bonheur dans ses entreprises, il avait rêvé là, à tort, une fortune; non qu'il aimât l'argent, mais parce que toute sa science, tout son amour-propre s'engouffraient dans la perspective de transformer un terrain maigre et inculte en une terre grasse et luxuriante. Il s'était jeté dans cette aventure agricole avec la foi et la précipitation de son infaillibilité. Les choses avaient mal tourné, son régisseur l'avait volé! Et puis il avait voulu, croyant bien faire, échanger les produits de nos terres avec ceux de la sienne. Il nous amenait du bétail maigre qui n'engraissait pas chez nous, ou qui y crevait de pléthore en peu de jours. Il envoyait chez lui nos bestiaux gourmands et gâtés qui ne s'accommodaient pas de ses ajoncs et de ses genêts, et qui y dépérissaient rapidement. Il en était ainsi des grains et de tout

le reste. En somme, sa terre lui
avait peu rapporté, et Nohant encore moins, relativement. Des pertes
considérables et répétées l'avaient
mis dans la nécessité de vendre son
petit bien, mais il ne trouvait pas
d'acquéreurs et ne pouvait combler
son arriéré.

Je savais tout cela, bien qu'il ne
m'en eût jamais parlé. Ma grand'-
mère m'en avait avertie, et je savais
que nous ne vivions à Nohant que
du produit de la maison de la rue
de la Harpe et de quelques rentes
sur l'État.

Ce n'était pas suffisant pour les
habitudes de ma grand'mère; sa

maladie d'ailleurs avait occasionné d'assez grands frais. La gêne était réelle dans la maison, et, n'ayant pas de quoi renouveler ma garde-robe, j'arrivais à Paris avec un bagage qui eût tenu dans un mouchoir de poche, et une robe pour toute toilette.

Deschartres ne pouvant fournir ces malheureuses quittances, auxquelles nous n'avions pas songé, arrivait donc de son côté pour donner ou essayer de donner des explications, ou d'obtenir des délais. Il se présenta fort troublé. J'aurais voulu être un moment seule avec lui pour le rassurer; ma mère nous garda à vue, et l'interrogatoire com-

mença autour d'une table chargée
de registres et de paperasses.

Ma mère, fortement prévenue
contre mon pauvre pédagogue et
avide de lui rendre tout ce qu'il lui
avait fait souffrir autrefois, goûtait,
à voir son embarras, une joie terrible. Elle tenait surtout à le faire
passer pour un malhonnête homme
vis-à-vis de moi, à qui elle faisait
un principal grief de ne pas partager son aversion.

Je vis qu'il n'y avait pas à hésiter. Ma mère avait laissé échapper
le mot de prison pour dettes; j'es-
père qu'elle n'eût pas exécuté une
si dure menace; mais l'orgueilleux

Deschartres, attaqué dans son honneur, était capable de se brûler la cervelle. Sa figure pâle et contractée était celle d'un homme qui a pris cette résolution.

Je ne le laissai pas répondre. Je déclarai qu'il avait payé entre mes mains, et que, dans le trouble où nous avait si souvent mis l'état de ma grand'mère, nous n'avions songé ni l'un ni l'autre à la formalité des quittances.

Ma mère se leva, les yeux enflammés et la voix brève : « Ainsi, vous avez reçu dix-huit mille francs, me dit-elle, où sont-ils ?

— Je les ai dépensés apparemment, puisque je ne les ai plus.

— Vous devez les représenter ou
en prouver l'emploi. »

J'invoquai l'avoué. Je lui demandai si, étant unique héritière, je me
devais des comptes à moi-même,
et si ma tutrice avait le droit d'exiger ceux de ma gestion des revenus
de ma grand'mère.

« Non certes, répondit l'avoué.
On n'a pas de questions à vous
faire là-dessus. Je demande qu'on
insiste seulement sur la réalité de
vos recettes. Vous êtes mineure et
n'avez pas le droit de remettre une
dette. Votre tutrice a celui d'exiger
les rentrées qui vous sont acquises. »

Cette réponse me rendit la force

prête à m'abandonner. Tomber dans une série de mensonges et de fausses explications ne m'eût peut-être pas été possible. Mais, du moment qu'il ne s'agissait que de persister dans un *oui* pour sauver Deschartres, je crus que je ne devais pas hésiter. Je ne sais pas s'il était en aussi grand péril que je me l'imaginais. Sans doute on lui eût donné le temps de vendre son domaine pour s'acquitter, et l'eût-il vendu à bas prix, il lui restait pour vivre la pension que lui avait assignée ma grand'mère par son testament[1]. Mais

[1] Elle avait été de quinze cents francs dans le premier brouillon du testament. Il l'avait fait réduire à mille francs, avec beaucoup d'instance et même d'emportement.

les idées de déshonneur et de prison pour dettes me bouleversaient l'esprit.

Ma mère insista comme le lui suggéra l'avoué. « Si M. Deschartres vous a versé dix-huit mille francs, c'est ce qu'on saura bien. Vous n'en donneriez pas votre parole d'honneur ! »

Je sentis un frisson, et je vis Deschartres prêt à tout confesser.

« Je la donnerais ! m'écriai-je.

— Donne-la en ce cas, me dit ma tante, qui me croyait sincère et qui voulait voir finir ce débat.

— Non, mademoiselle, reprit l'avoué, ne la donnez pas.

— Je veux qu'elle la donne! s'é-
cria ma mère, à qui j'eus ensuite
bien de la peine à pardonner de
m'avoir infligé cette torture.

— Je la donne, lui répondis-je
très-émue, et Dieu est avec moi
contre vous dans cette affaire-ci!

— Elle a menti, elle ment! cria
ma mère. Une dévote! une philo-
sophailleuse! Elle ment et se vole
elle-même!

— Oh! pour cela, dit l'avoué en
souriant, elle en a bien le droit,
et ne fait de tort qu'à sa dot.

— Je la conduirai, avec son Deschartres, jusque chez le juge de
paix, dit ma mère. Je lui ferai faire

serment sur le Christ, sur l'Évangile!

— Non, madame, dit l'avoué, tranquille comme un homme d'affaires, vous vous en tiendrez là; et quant à vous, mademoiselle, me dit-il avec une certaine bienveillance, soit d'approbation, soit de pitié pour mon désintéressement, je vous demande pardon de vous avoir tourmentée. Chargé de soutenir vos intérêts, je m'y suis cru obligé. Mais personne ici n'a le droit de révoquer votre parole en doute, et je pense que l'on doit passer outre sur ce détail. »

J'ignore ce qu'il pensait de tout

ceci. Je ne m'en occupai point et je n'eusse point su lire à travers la figure d'un avoué. La dette de Deschartres fut rayée au registre, on s'occupa d'autre chose et on se sépara.

Je réussis à me trouver seule un instant sur l'escalier avec mon pauvre précepteur. « Aurore, me dit-il avec les larmes dans les yeux, je vous payerai, vous n'en doutez pas?

— Certes, je n'en doute pas, répondis-je voyant qu'il éprouvait quelque humiliation. La belle affaire! Dans deux ou trois ans votre domaine sera en plein rapport.

3.

— Sans doute! bien certainement!
s'écria-t-il, rendu à la joie de ses
illusions. Dans trois ans, ou il me
rapportera trois mille livres de
rente, ou je le vendrai cinquante
mille francs. Mais j'avoue que, pour
le moment, je n'en trouve que
douze mille, et que si l'on m'eût
retenu la pension de votre grand'-
mère pendant six années, il m'aurait
fallu mendier je ne sais quel gagne-
pain. Vous m'avez sauvé, vous avez
souffert. Je vous remercie. »

Tant que je pus rester chez ma
tante auprès de Clotilde, mon existence, malgré de fréquentes se-
cousses, me parut tolérable. Mais

quand je fus installée rue Neuve-
des-Mathurins, elle ne le fut point.

Ma mère, irritée contre tout ce
que j'aimais, me déclara que je
n'irais point au couvent. Elle m'y
laissa aller embrasser une fois mes
religieuses et mes compagnes, et me
défendit d'y retourner. Elle renvoya
brusquement ma femme de chambre,
qui lui déplaisait, et chassa même
mon chien. Je le pleurai, parce que
c'était la goutte d'eau qui faisait
déborder le vase.

M. de Villeneuve vint lui demander de m'emmener dîner chez
lui. Elle lui répondit que madame
de Villeneuve eût à venir elle-même

lui faire cette demande. Elle était
dans son droit sans doute, mais
elle parlait si sèchement que mon
cousin perdit patience, lui répondit
que jamais sa femme ne mettrait
les pieds chez elle, et partit pour
ne plus revenir. Je ne l'ai revu que
plus de vingt ans après.

De même que mon bon cousin
m'a pardonné et me pardonne encore de ne pas partager toutes ses
idées, je lui pardonne de m'avoir
abandonnée ainsi à mon triste sort.
Pouvait-il ne pas le faire? Je ne sais.
Il eût fallu de sa part une patience
que je n'aurais certes pas eue pour
mon compte, si je n'eusse eu affaire
à ma propre mère. Et puis, quand

même il eût dévoré en silence cette
première algarade, n'eût-elle pas
recommencé le lendemain?

Cependant il m'a fallu des années,
je le confesse, pour oublier la manière dont il me quitta, sans même
me dire un mot d'adieu et de consolation, sans jeter les yeux sur
moi, sans me laisser une espérance,
sans m'écrire le lendemain pour
me dire que je trouverais toujours
un appui en lui quand il me serait
possible de l'invoquer. Je m'imaginai qu'il était las des ennuis que
lui suscitait son impuissante tutelle,
et qu'il était content de trouver
une vive occasion de s'en débarrasser. Je me demandai si madame de

Villeneuve, qui avait déja l'âge
d'une matrone, n'aurait pas pu, par
un léger simulacre de politesse, dont
ma mère eût été flattée, la décider
à me laisser continuer mes visites
chez elle; si, tout au moins, on
n'eût pas pu tenter un peu plus,
sauf à me laisser là, avec la confiance d'inspirer quelque intérêt et
de pouvoir y recourir plus tard
sans crainte d'être importune. Je
m'attendais à quelque chose de
semblable. Il n'en fut rien. La famille de mon père resta muette.
L'appréhension de la trouver close
m'empêcha d'y jamais frapper. Je
ne sais si ma fierté fut exagérée,
mais il me fut impossible de la
faire plier à des avances. J'étais un

enfant, il est vrai, et, bien que je
n'eusse aucun tort, je devais faire
les premiers pas; mais on va voir
ce qui m'en empêcha.

Mon autre cousin, Auguste de
Villeneuve, frère de René, vint me
voir aussi une dernière fois. Sans
être aussi liée avec lui, j'étais plus
familière, je ne sais pourquoi. Il
était aussi très-bon, mais il manquait un peu de tact. Je me plai-
gnis à lui de l'abandon de René :
« Ah dame! me dit-il avec son
grand sang-froid indolent, tu n'as
pas agi comme on te le recomman-
dait. On voulait te voir entrer au
couvent, tu ne l'as pas fait. Tu sors
avec ta mère, avec sa fille, avec

le mari de sa fille, avec M.
Pierret. On t'a vue dans la rue
avec tout ce monde-là. C'est une
société impossible : je ne dis pas
pour moi, ça me serait bien égal,
mais pour ma belle-sœur et pour
les femmes de toute famille honorable où nous aurions pu te faire
entrer par un bon mariage. »

Sa franchise éclaircissait une
grande question d'avenir pour moi.
Je lui demandai d'abord comment
il m'était possible, ayant affaire à
une personne que la résistance la
plus polie et la plus humble exas-
pérait, d'entrer au couvent contre
sa volonté, de refuser de sortir avec
elle et de ne pas voir son entou-

rage. — Comme il ne pouvait me donner une réponse satisfaisante, je lui demandai si, d'ailleurs, refuser de voir ma sœur, son mari et Pierret, au cas où cela me serait possible, lui paraissait conciliable avec les liens du sang, de l'amitié et du devoir.

Il ne me répondit pas davantage; seulement il me dit : « Je vois que tu tiens à ta famille maternelle et que tu es décidée à ne jamais rompre avec tous ces braves gens-là. Je croyais le contraire! C'est différent.

— J'ai pu, lui dis-je, dans des moments de douleur et de colère

intérieure, souhaiter de quitter ma
mère, qui me rend fort malheureuse,
et comme je ne vois pas qu'elle
soit heureuse de notre réunion, je
désirerais encore beaucoup le couvent, ou bien je m'arrangerais d'un
mariage qui me soustrairait à son
autorité absolue; mais quelque tort
qu'elle puisse avoir, j'ai toujours été
résolue à la fréquenter et à ne me
rendre complice d'aucun affront qui
lui serait fait.

. — Eh bien, reprit-il, toujours
aussi froid et faisant des grimaces
nerveuses qui lui étaient habituelles
et qui semblaient lui servir à ras-
sembler ses idées et ses paroles;
en bonne religion, tu as raison;

mais ainsi ne va pas le monde. Ce
que nous appelons un bon mariage
pour toi, c'est un homme ayant
quelque fortune et de la naissance.
Je t'assure qu'aucun de ces hommes-
là ne viendra te trouver ici, et que,
même quand tu auras attendu trois
ans, l'époque de ta majorité, tu ne
seras pas plus facile à bien marier
qu'aujourd'hui. Quant à moi, je ne
m'en chargerais pas : on me jette-
rait à la tête que tu as vécu trois
ans chez ta mère et avec toutes
sortes de bonnes gens qu'on ne
serait pas fort aise de fréquenter.
Ainsi, je te conseille de te marier
toi-même comme tu pourras. Qu'est-
ce que ça me fait, à moi, que tu
épouses un roturier? S'il est honnête

homme, je le verrai parfaitement
et je ne t'en aimerai certainement
pas moins. Or donc, à revoir, dans
ce temps-là! car je vois que ta
mère tourne autour de nous, et
qu'elle va me flanquer à la porte! »

Là-dessus, il prit son chapeau et
s'en fut en me disant : « Adieu,
ma tante! »

Je ne lui en voulus pas, à lui.
Il ne s'était jamais chargé de moi.
Sa franchise me mettait à l'aise, et
sa promesse d'amitié constante me
consolait amplement de la perte
d'un *bon parti*. Je l'ai retrouvé
aussi amicalement insouciant et
tranquillement bon peu d'années
après mon mariage.

Mais cette rupture momentanée
de sa part, absolue de celle de tout
le reste de la famille, me donna
bien à penser.

J'avais peut-être oublié, depuis
quelques années, qui j'étais, et
comme quoi mon sang royal s'était
perdu dans mes veines en s'alliant,
dans le sein de ma mère, au sang
plébéien. Je ne crois pas, je suis
même certaine que je n'avais pas
cru m'élever au-dessus de moi-
même en regardant comme naturelle et inévitable l'idée d'entrer
dans une famille noble, de même
que je ne me crus pas déchue pour
n'avoir plus à y prétendre. Au
contraire, je me sentais soulagée

d'un grand poids. J'avais toujours
eu de la répugnance, d'abord par
instinct, ensuite par raisonnement,
à m'incorporer dans une caste qui
n'existait que par la négation de
l'égalité. A supposer que j'eusse été
décidée au mariage, ce qui n'était
réellement pas encore, j'aurais, autant que possible, suivi le vœu de
ma grand'mère, mais sans être per-
suadée que la naissance eût la
moindre valeur sérieuse, et dans le
cas seulement où j'aurais rencontré
un patricien sans morgue et sans
préjugés.

Mon cousin Auguste me signifiait,
de par la loi du monde, qu'il n'en
est pas et qu'il ne peut y en avoir.

Tout en avouant que ma manière
de voir était religieuse et honorable
pour moi, il déclarait qu'elle me
déshonorait aux yeux du monde,
que personne ne m'y pardonnerait
d'avoir fait mon devoir, et que lui-
même ne se chargerait pas de trouver quelqu'un qui dût m'approuver.

Que devais-je donc faire selon
lui et selon son monde? M'enfuir
de chez ma mère, faire connaître,
par un éclat, qu'elle ne me rendait
pas heureuse, ou faire supposer pis
encore, c'est-à-dire que mon honneur était en danger auprès d'elle?
Cela n'était pas, et si cela eût été,
le retentissement de ma situation
ainsi proclamée m'eût-il rendue
XV. 4

beaucoup plus *mariable* au gré de
mes cousins?

Devais-je, à défaut de la fuite,
me révolter ouvertement contre ma
mère, l'injurier, la menacer? Quoi?
que voulait-on de moi? Tout ce
que j'eusse pu faire eût été si impossible et si odieux, que je ne le
comprends pas encore.

C'est bien trop me défendre sans
doute d'avoir fait mon devoir; mais
si j'insiste sur ma situation person-
nelle, c'est que j'ai fort à cœur de
prouver ce que c'est que l'opinion
du monde, la justice de ses arrêts
et l'importance de sa protection.

On représente toujours ceux qui

secouent ses entraves comme des
esprits pervers, ou tout au moins
si orgueilleux et si brouillons qu'ils
troublent l'ordre établi et la coutume régnante, pour le seul plaisir
de mal faire. Je suis pourtant un
petit exemple, entre mille plus sérieux et plus concluants, de l'injustice et de l'inconséquence de cette
grande coterie plus ou moins nobi-
liaire qui s'intitule modestement le
monde. En disant inconséquence et
injustice, je suis calme jusqu'à l'indulgence; je devrais dire l'impiété :
car, pour mon compte, je ne pouvais envisager autrement la répro-
bation qui devait s'attacher à moi
pour avoir observé les devoirs les
plus sacrés de la famille.

4.

Qu'on sache bien que je ne m'en prenais pas, que je ne m'en suis jamais prise à mes parents paternels. Ils étaient de ce monde-là, ils n'en pouvaient refaire le code à leur usage et au mien. Ma grand'mère, ne pouvant se décider à envisager pour moi un avenir contraire à ses vœux, avait arraché d'eux la promesse de me réintégrer dans la caste où, par leurs femmes[1] (les Villeneuve n'étaient pas de vieille souche), ils avaient été réintégrés eux-mêmes. Les sacrifices qu'ils avaient dû faire pour s'y tenir, ils trouvaient naturel de me les impo-

[1] Mademoiselle de Guibert et mademoiselle de Ségur.

ser. Mais ils oubliaient que pour
pousser ces sacrifices jusqu'à fou-
ler aux pieds le respect filial (ce
que certes ils n'eussent pas fait eux-
mêmes), il m'eût fallu, outre un
mauvais cœur et une mauvaise
conscience, la croyance à l'inégalité
originelle.

Or je n'acceptais pas cette inégalité. Je ne l'avais jamais comprise,
jamais supposée. Depuis le dernier
des mendiants jusqu'au premier des
rois, je *savais*, par mon instinct,
par ma conscience, par la loi du
Christ surtout, que Dieu n'avait mis
au front de personne ni un sceau
de noblesse, ni un sceau de vasse-
lage. Les dons mêmes de l'intelli-

gence n'étaient rien devant lui sans
la volonté du bien, et d'ailleurs
cette intelligence innée, il la laissait
tomber dans le cerveau d'un croche-
teur tout aussi bien que dans celui
d'un prince.

Je donnai des larmes à l'abandon
de mes parents. Je les aimais. Ils
étaient les fils de la sœur de mon
père, mon père les avait chéris :
ma grand'mère les avait bénis; ils
avaient souri à mon enfance; j'aimais certains de leurs enfants :
madame de la Roche-Aymon, fille
de René; Félicie, fille d'Auguste,
adorable créature, morte à la fleur
de l'âge, et son frère Léonce, d'un
esprit charmant.

Mais je pris vite mon parti sur ce qui devait être rompu entre nous tous : les liens de l'affection et de la famille, non, certes, mais bien ceux de la solidarité d'opinion et de position.

Quant au beau mariage qu'ils devaient me procurer, je confesse que ce fut une grande satisfaction pour moi d'en être débarrassée. J'avais donné mon assentiment à une proposition de madame de Pontcarré, que ma mère repoussa. Je vis que, d'une part, ma mère ne voudrait jamais de noblesse, que, de l'autre, la noblesse ne voulait plus de moi. Je me sentis enfin libre, par la force des choses, de

rompre le vœu de ma grand'mère
et de me marier selon mon cœur
(comme avait fait mon père), le
jour où je m'y sentirais portée.

Je l'étais encore si peu que je
ne renonçais point à l'idée de me
faire religieuse. Ma courte visite au
couvent avait ravivé mon idéal de
bonheur de ce côté-là. Je me disais
bien que je n'étais plus dévote à
la manière de mes chères recluses;
mais l'une d'elles, madame Françoise,
ne l'était pas et passait pour s'occuper de science. Elle vivait là en
paix comme un père dominicain
des anciens jours. La pensée de
m'élever par l'étude et la contem-
plation des plus hautes vérités au-

dessus des orages de la famille et
des petitesses du monde me souriait
une dernière fois.

Il est bien possible que j'eusse
pris ce parti à ma majorité, c'est-à-
dire après trois ans d'attente, si ma
vie eût été tolérable jusque-là. Mais
elle le devenait de moins en moins.
Ma mère ne se laissait toucher et
persuader par aucune de mes rési-
gnations. Elle s'obstinait à voir en
moi une ennemie secrètement irré-
conciliable. D'abord elle triompha
de se voir débarrassée du contrôle
de mon tuteur et me railla du désespoir qu'elle m'attribuait. Elle fut
étonnée de me voir si bien dé-
tachée des grandeurs du monde;

mais elle n'y crut pas et jura
qu'elle *briserait ma sournoiserie.*

Soupçonneuse à l'excès et portée
d'une manière toute maladive, toute
délirante, à incriminer ce qu'elle
ne comprenait pas, elle élevait, à
tout propos, des querelles incroya-
bles. Elle venait m'arracher mes
livres des mains, disant qu'elle avait
essayé de les lire, qu'elle n'y avait
entendu goutte, et que ce devait
être de mauvais livres. Croyait-elle
réellement que je fusse vicieuse ou
égarée, ou bien avait-elle besoin de
trouver un prétexte à ses imputa-
tions, afin de pouvoir dénigrer la
belle éducation que j'avais reçue?
Tous les jours c'étaient de nouvelles

découvertes qu'elle me faisait faire
sur ma *perversité*.

Quand je lui demandais, avec in-
sistance, où elle avait pris de si
étranges notions sur mon compte,
elle disait avoir eu des correspon-
dances à la Châtre, et savoir, jour
par jour, heure par heure, tous les
désordres de ma conduite. Je n'y
croyais pas, je m'effrayais de l'idée
que ma pauvre mère était folle.
Elle le devina, un jour, au re-
doublement de silence et de soins
qui étaient ma réponse habituelle à
ses invectives. « Je vois bien, dit-elle,
que tu fais semblant de me croire
en délire. Je vais te prouver que

je vois clair et que je marche
droit. »

Elle exhiba alors cette corres-
pondance sans vouloir me laisser
jeter les yeux sur l'écriture, mais
en me lisant des pages entières
qu'elle n'improvisait certes pas. C'é-
tait le tissu de calomnies mons-
trueuses et d'aberrations stupides
dont j'ai déjà parlé et dont je m'é-
tais tant moquée à Nohant. Les or-
dures de la petite ville s'étaient
emparées de l'imagination vive et
faible de ma mère. Elles s'y étaient
gravées jusqu'à y détruire le plus
simple raisonnement. Elles n'en sortirent entièrement qu'au bout de
plusieurs années, quand elle me vit

sans prévention et que tous ses sujets d'amertume eurent disparu.

Elle se disait renseignée ainsi par
un des plus intimes amis de notre
maison. Je ne répondis rien, je ne
pouvais rien répondre. Le cœur me
levait de dégoût. Elle se mit au
lit, triomphante de m'avoir *écrasée*.
Je me retirai dans ma chambre; j'y
restai sur une chaise jusqu'au grand
jour, hébétée, ne pensant à rien,
sentant mourir mon corps et mon
âme tout ensemble.

CHAPITRE VINGT ET UNIÈME.

Singularités, grandeurs et agitations de ma mère. — Une nuit d'expansion. — Parallèle. — Le Plessis. — Mon père James et ma mère Angèle. — Bonheur de la campagne. — Retour à la santé, à la jeunesse et à la gaieté. — Les enfants de la maison. — Opinions du temps. — Loïsa Puget. — M. Stanislas et son cabinet mystérieux. — Je rencontre mon futur mari.— — Sa prédiction. — Notre amitié. — Son père. — Bizarreries nouvelles. — Retour de mon frère. — La baronne Dudevant. — Le régime dotal. — Mon mariage. — Retour à Nohant. — Automne 1823.

Pour supporter une telle existence, il eût fallu être une sainte.
Je ne l'étais pas, malgré mon ambition de le devenir. Je ne sentais pas
mon organisation seconder les efforts
de ma volonté. J'étais affreusement
ébranlée dans tout mon être. Ce

XV.   5

bouquet à toutes mes agitations et
à toutes mes tristesses portait un si
rude coup à mon système nerveux, que je ne dormais plus du
tout et que je me sentais mourir
de faim, sans pouvoir surmonter
le dégoût que me causait la vue
des aliments. J'étais secouée à tout
instant par des sursauts fébriles, et
je sentais mon cœur aussi malade
que mon corps. Je ne pouvais plus
prier. J'essayai de faire mes dévo-
tions à Pâques. Ma mère ne voulut
pas me permettre d'aller voir l'abbé
de Prémord, qui m'eût fortifiée et
consolée. Je me confessai à un vieux
bourru qui, ne comprenant rien aux
révoltes intérieures contre le respect
filial dont je m'accusais, me de-

manda le pourquoi et le comment, et si ces révoltes de mon cœur étaient bien ou mal fondées.

« Ce n'est pas là la question, lui répondis-je. Selon ma religion, elles ne doivent jamais être assez fondées pour n'être pas combattues. Je m'accuse d'avoir soutenu ce combat avec mollesse. »

Il persista à me demander de lui faire la confession de ma mère. Je ne répondis rien, voulant recevoir l'absolution et ne pas recommencer la scène de la Châtre.

« Au reste, si je vous interroge, dit-il, frappé de mon silence, c'est pour vous éprouver. Je voulais voir

5.

si vous accuseriez votre mère, et
puisque vous ne le faites pas, je
vois que votre repentir est réel et
que je peux vous absoudre. »

Je trouvai cette épreuve inconve-
nante et dangereuse pour la sûreté
des familles. Je me promis de ne
plus me confesser au premier venu,
et je commençai à sentir un grand
dégoût pour la pratique d'un sacre-
ment si mal administré. Je commu-
niai le lendemain, mais sans fer-
veur, quelque effort que je fisse, et
encore plus dérangée et choquée du
bruit qui se faisait dans les églises
que je ne l'avais été à la campagne.

Les personnes qui entouraient ma

mère étaient excellentes envers moi,
mais ne pouvaient ou ne savaient
pas me protéger. Ma bonne tante
prétendait qu'il fallait rire des lu-
bies de sa sœur et croyait la chose
possible de ma part. Pierret, plus
juste et plus indulgent que ma mère
à l'habitude, mais parfois aussi sus-
ceptible et aussi fantasque, prenait
ma tristesse pour de la froideur, et
me la reprochait avec sa manière
furibonde et comique qui ne pouvait plus me divertir. Ma bonne
Clotilde ne pouvait rien pour moi.
Ma sœur était froide et avait répondu à mes premières effusions
avec une sorte de méfiance, comme
si elle se fût attendue à de mauvais procédés de ma part. Son mari

était un excellent homme qui n'a-
vait aucune influence sur la famille.
Mon grand-oncle de Beaumont ne
fut point tendre. Il avait toujours
eu un fonds d'égoïsme qui ne lui
permettait plus de supporter une
figure pâle et triste à sa table sans
la taquiner jusqu'à la dureté. Il
vieillissait aussi beaucoup, souffrait
de la goutte, et faisait de fréquentes algarades dans son intérieur, et
même à ses convives quand ils ne
s'efforçaient pas de le distraire et
ne réussissaient pas à l'amuser. Il
commençait à aimer les commé-
rages, et je ne sais jusqu'à quel
point ma mère ne l'avait pas im-
prégné de ceux dont j'étais l'objet
à *la Châtre!*

Ma mère n'était cependant pas toujours tendue et irritée. Elle avait ses bons retours de candeur et de tendresse par où elle me reprenait. C'était là le pire. Si j'avais pu arriver à la froideur et à l'indifférence, je serais peut-être arrivée au stoïcisme; mais cela m'était impossible. Qu'elle versât une larme, qu'elle eût pour moi une inquiétude, un soin maternel, je recommençais à l'aimer et à espérer. C'était la route du désespoir : tout était brisé et remis en question le lendemain.

Elle était malade. Elle traversait une crise qui fut exceptionnellement longue et douloureuse chez elle, sans

jamais abattre son activité, son courage et son irritation. Cette énergique organisation ne pouvait fran-
chir, sans un combat terrible, le
seuil de la vieillesse. Encore jolie
et rieuse, elle n'avait pourtant aucune jalousie de femme contre la
jeunesse et la beauté des autres.
C'était une nature chaste, quoi qu'on
en ait dit et pensé, et ses mœurs
étaient irréprochables. Elle avait le
besoin des émotions violentes, et,
quoique sa vie en eût été abreuvée,
ce n'était jamais assez pour cette
sorte de haine étrange et bien certainement fatale qu'elle avait pour
le repos de l'esprit et du corps. Il
lui fallait toujours renouveler son
atmosphère agitée par des agita-

tions nouvelles, changer de logement, se brouiller ou se raccom-
moder avec quelqu'un ou quelque
chose, aller passer quelques heures
à la campagne, et se dépêcher de
revenir tout d'un coup pour fuir la
campagne; dîner dans un restau-
rant, et puis dans un autre; boule-
verser même sa toilette de fond en
comble chaque semaine.

Elle avait de petites manies qui
résumaient bien cette mobilité inquiète. Elle achetait un chapeau
qui lui semblait charmant. Le soir
même, elle le trouvait hideux. Elle
en ôtait le nœud, et puis les fleurs,
et puis les ruches. Elle transposait
tout cela avec beaucoup d'adresse et

de goût. Son chapeau lui plaisait
ainsi tout le lendemain. Mais le
jour suivant c'était un autre chan-
gement radical; et ainsi pendant
huit jours, jusqu'à ce que le malheureux chapeau, toujours transformé, lui devînt indifférent. Alors
elle le portait avec un profond mépris, disant qu'elle ne se souciait
d'aucune toilette, et attendant qu'elle
se prît de fantaisie pour un chapeau
neuf.

Elle avait encore de très-beaux
cheveux noirs. Elle s'ennuya d'être
brune et mit une perruque blonde
qui ne réussit point à l'enlaidir.
Elle s'aima blonde pendant quelque
temps, puis elle se déclara *filasse*

et prit le châtain clair. Elle revint
bientôt à un blond cendré, puis retourna à un noir doux, et fit si
bien que je la vis avec des cheveux différents pour chaque jour
de la semaine.

Cette frivolité enfantine n'excluait
pas des occupations laborieuses et
des soins domestiques très-minu-
tieux. Elle avait aussi ses délices
d'imagination et lisait M. d'Arlin-
court avec rage jusqu'au milieu de
la nuit, ce qui ne l'empêchait pas
d'être debout à six heures du matin et de recommencer ses toilettes,
ses courses, ses travaux d'aiguille,
ses rires, ses désespoirs et ses emportements.

Quand elle était de bonne humeur, elle était vraiment charmante,
et il était impossible de ne pas se
laisser aller à sa gaieté pleine de
verve et de saillies pittoresques. Mal-
heureusement cela ne durait jamais
une journée entière, et la foudre
tombait sur vous on ne savait de
quel coin du ciel.

Elle m'aimait cependant, ou du
moins elle aimait en moi le souvenir de mon père et celui de mon
enfance; mais elle haïssait aussi en
moi le souvenir de ma grand'mère
et de Deschartres. Elle avait couvé
trop de ressentiment et dévoré trop
d'humiliations intérieures pour n'a-
voir pas besoin d'une éruption de

volcan longue, terrible, complète.
La réalité ne lui suffisait pas pour
accuser et maudire. Il fallait que l'i-
magination se mît de la partie. Si
elle digérait mal, elle se croyait
empoisonnée et n'était pas loin de
m'en accuser.

Un jour, ou plutôt une nuit, je
crus que toute amertume devait
être effacée entre nous et que nous
allions nous entendre et nous aimer sans souffrance.

Elle avait été dans le jour d'une
violence extrême, et comme de coutume, elle était bonne et pleine de
raison dans son apaisement. Elle se
coucha et me dit de rester près

de son lit jusqu'à ce qu'elle dor-
mît, parce qu'elle se sentait triste.
Je l'amenai, je ne sais comment, à
m'ouvrir son cœur, et j'y lus tout
le malheur de sa vie et de son organisation. Elle me raconta plus de
choses que je n'en voulais savoir,
mais je dois dire qu'elle le fit avec
une simplicité et une sorte de gran-
deur singulière. Elle s'anima au souvenir de ses émotions, rit, pleura,
accusa, raisonna même avec beaucoup d'esprit, de sensibilité et de
force. Elle voulait m'initier au secret de toutes ses infortunes, et,
comme emportée par une fatalité
de la douleur, elle cherchait en
moi l'excuse de ses souffrances et
la réhabilitation de son âme.

« Après tout, dit-elle en se résu-
mant et en s'asseyant sur son lit,
où elle était belle avec son madras
rouge sur sa figure pâle qu'éclai-
raient de si grands yeux noirs, je
ne me sens coupable de rien. Il ne
me semble pas que j'aie jamais com-
mis sciemment une mauvaise action;
j'ai été entraînée, poussée, souvent
forcée de voir et d'agir. Tout mon
crime, c'est d'avoir aimé. Ah! si je
n'avais pas aimé ton père, je serais riche, libre, insouciante et sans
reproche, puisque avant ce jour-là
je n'avais jamais réfléchi à quoi que
ce soit. Est-ce qu'on m'avait ensei-
gné à réfléchir, moi? Je ne savais
ni *a* ni *b*. Je n'étais pas plus fau-
tive qu'une linotte. Je disais mes

prières soir et matin comme on me
les avait apprises, et jamais Dieu
ne m'avait fait sentir qu'elles ne
fussent pas bien reçues.

» Mais à peine me fus-je attachée
à ton père que le malheur et le
tourment se mirent après moi. On
me dit, on m'apprit que j'étais indigne d'aimer. Je n'en savais rien et
je n'y croyais guère. Je sentais mon
cœur plus aimant et mon amour
plus vrai que ceux de ces grandes
dames qui me méprisaient et à qui
je le rendais bien. J'étais aimée.
Ton père me disait : « Moque-
toi de tout cela comme je m'en
moque. » J'étais heureuse et je le
voyais heureux. Comment aurais-je

pu me persuader que je le désho-
norais?

» Voilà pourtant ce qu'on m'a
dit sur tous les tons, quand il n'a
plus été là pour me défendre. Il
m'a fallu alors réfléchir, m'étonner,
me questionner, arriver à me sentir
humiliée et à me détester moi-
même, ou bien à humilier les autres dans leur hypocrisie et à les
détester de toutes mes forces.

» C'est alors que moi, si gaie, si
insouciante, si sûre de moi, si
franche, je me suis senti des en-
nemis. Je n'avais jamais haï : je
me suis mise à haïr presque tout
le monde. Je n'avais jamais pensé

XV.   6

à ce que c'est que votre belle société avec sa morale, ses manières,
ses prétentions. Ce que j'en avais
vu m'avait toujours fait rire comme
très-drôle. J'ai vu que c'était méchant et faux. Ah! je te déclare
bien que si, depuis mon veuvage,
j'ai vécu sagement, ce n'est pas
pour faire plaisir à ces gens-là, qui
exigent des autres ce qu'ils ne font
pas. C'est parce que je ne pouvais
plus faire autrement. Je n'ai aimé
qu'un homme dans ma vie, et après
l'avoir perdu, je ne me souciais plus
de rien, ni de personne. »

Elle pleura, au souvenir de mon
père, des torrents de larmes, s'é-
criant : « Ah! que je serais devenue

bonne si nous avions pu vieillir
ensemble! Mais Dieu me l'a arraché
tout au milieu de mon bonheur. Je
ne maudis pas Dieu : il est le
maître; mais je déteste et maudis
l'humanité!.... » — Et elle ajouta
naïvement et comme lasse de cette
effusion : « *Quand j'y pense.* Heureusement je n'y pense pas toujours. »

C'était la contre-partie de la confession de ma grand'mère que j'entendais et recevais. La mère et
l'épouse se trouvaient là en complète opposition dans l'effet de leur
douleur. L'une qui, ne sachant plus
que faire de sa passion et ne pouvant la reporter sur personne, ac-

ceptait l'arrêt du ciel, mais sentait
son énergie se convertir en haine
contre le genre humain; l'autre
qui, ne sachant plus que faire de
sa tendresse, avait accusé Dieu, mais
avait reporté sur ses semblables des
trésors de charité.

Je restais ensevelie dans les réflexions que soulevait en moi ce
double problème. Ma mère me dit
brusquement : « Eh bien! je t'en
ai trop dit, je le vois, et à présent tu me condamnes et me mé-
prises en connaissance de cause!
J'aime mieux ça. J'aime mieux t'arracher de mon cœur et n'avoir plus
rien à aimer après ton père, pas
même toi!

— Quant à mon mépris, lui répondis-je en la prenant toute trem-
blante et toute crispée entre mes
bras, vous vous trompez bien. Ce
que je méprise, c'est le mépris du
monde. Je suis aujourd'hui pour
vous contre lui, bien plus que je
ne l'étais à cet âge que vous me
reprochez toujours d'avoir oublié.
Vous n'aviez que mon cœur, et à
présent ma raison et ma conscience sont avec vous. C'est le
résultat de ma *belle éducation* que
vous raillez trop, de la religion,
et de la philosophie que vous
détestez tant. Pour moi, votre
passé est sacré, non pas seulement
parce que vous êtes ma mère,
mais parce qu'il m'est prouvé par

le raisonnement que vous n'avez
jamais été coupable.

— Ah! vraiment! mon Dieu! s'é-
cria ma mère, qui m'écoutait avec
avidité. Alors, qu'est-ce que tu condamnes donc en moi?

— Votre aversion et vos ran-
cunes contre ce monde, ce genre
humain tout entier sur qui vous
êtes entraînée à vous venger de
vos souffrances. L'amour vous avait
faite heureuse et grande, la haine
vous fait injuste et malheureuse.

— C'est vrai, c'est vrai! dit-elle.
C'est trop vrai! Mais comment
faire? Il faut aimer ou haïr. Je
ne peux pas être indifférente et
pardonner par lassitude.

— Pardonnez au moins par charité.

— La charité? oui, tant qu'on
voudra pour les pauvres malheureux qu'on oublie ou qu'on méprise
parce qu'ils sont faibles! Pour les
pauvres filles perdues qui meurent
dans la crotte pour n'avoir jamais
pu être aimées. De la charité pour
ceux qui souffrent sans l'avoir mé-
rité? Je leur donnerais jusqu'à ma
chemise, tu le sais bien! Mais de
la charité pour *les comtesses*, pour
madame une telle qui a déshonoré
cent fois un mari aussi bon que
le mien, par galanterie; pour monsieur un tel qui n'a blâmé l'amour
de ton père que le jour où j'ai

refusé d'être sa maîtresse.... Tous
ces gens-là, vois-tu, sont des in-
fâmes; ils font le mal, ils aiment
le mal, et ils ont de la religion et
de la vertu plein la bouche.

— Vous voyez pourtant qu'il y
a, outre la loi divine, une loi fatale qui nous prescrit le pardon des
injures et l'oubli des souffrances
personnelles, car cette loi nous
frappe et nous punit quand nous
l'avons trop méconnue.

— Comment ça? explique-toi
clairement.

— A force de nous tendre l'esprit et de nous armer le cœur
contre les gens mauvais et cou-
pables, nous prenons l'habitude de

méconnaître les innocents et d'accabler de nos soupçons et de nos rigueurs ceux qui nous respectent et nous chérissent.

— Ah! tu dis cela pour toi! s'écria-t-elle.

— Oui, je le dis pour moi; mais je pourrais aussi le dire pour ma sœur, pour la vôtre, pour Pierret. Ne le croyez-vous pas, ne le dites-vous pas vous-même, quand vous êtes calme?

— C'est vrai que je fais enrager tout le monde quand je m'y mets, reprit-elle; mais je ne sais pas le moyen de faire autrement. Plus j'y pense, plus je recommence, et ce qui m'a paru le plus injuste de ma

part en m'endormant est ce qui
me paraît le plus juste quand je
me réveille. Ma tête travaille trop.
Je sens quelquefois qu'elle éclate.
Je ne suis bien portante et raisonnable que quand je ne pense à rien;
mais cela ne dépend pas de moi du
tout. Plus je veux ne pas penser,
plus je pense. Il faut que l'oubli
vienne tout seul, à force de fatigue.
C'est donc ce qu'on apprend dans
tes livres, la faculté de ne rien
penser du tout? »

On voit par cet entretien combien il m'était impossible d'agir sur
l'instinct passionné de ma mère
par le raisonnement, puisqu'elle prenait l'émotion de ses pensées tumul-

tueuses pour de la réflexion, et
cherchait son soulagement dans un
étourdissement de lassitude qui lui
ôtait toute conscience soutenue de
ses injustices. Il y avait en elle un
fonds de droiture admirable, obs-
curci à chaque instant par une
fièvre d'imagination malade qu'elle
n'était plus d'âge à combattre, ayant
d'ailleurs vécu dans une complète
ignorance des armes intellectuelles
qu'il eût fallu employer.

C'était pourtant une âme très-re-
ligieuse, et elle aimait Dieu ardem-
ment, comme un refuge contre l'injustice des autres et contre la sienne
propre. Elle ne voyait de clémence
et d'équité qu'en lui, et, comptant

sur une miséricorde sans limites,
elle ne songeait pas à ranimer et
à développer en elle le reflet de
cette perfection. Il n'était même pas
possible de lui faire entendre par
des mots l'idée de cette relation
de la volonté avec Celui qui nous
la donne. « Dieu, disait-elle, sait bien
que nous sommes faibles, puisqu'il
lui a plu de nous faire ainsi. »

La dévotion de ma sœur l'irritait
souvent. Elle abhorrait les prêtres,
et lui parlait de *ses* curés comme
elle me parlait de *mes* vieilles *comtesses*. Elle ouvrait souvent les Évangiles pour en lire quelques versets.
Cela lui faisait du bien ou du mal,
selon qu'elle était bien ou mal dis-

posée. Calme, elle s'attendrissait aux
larmes et aux parfums de Made-
leine; irritée, elle traitait le pro-
chain comme Jésus traita les ven-
deurs dans le temple.

Elle s'endormit en me bénissant,
en me remerciant *du bien que je lui
avais fait*, et en déclarant qu'elle
serait désormais toujours juste pour
moi. « Ne t'inquiète plus, me dit-
elle; je vois bien à présent que
tu ne méritais pas tout le chagrin
que je t'ai fait. Tu vois juste, tu
as de bons sentiments. Aime-moi,
et sois bien certaine qu'au fond je
t'adore. »

Cela dura trois jours. C'était bien

long pour ma pauvre mère. Le printemps était arrivé, et, à cette époque de l'année ma grand'mère avait
toujours remarqué que son caractère
s'aigrissait davantage, et frisait par
moments l'aliénation, je vis qu'elle
ne s'était pas trompée.

Je crois que ma mère elle-même
sentit son mal et désira être seule
pour me le cacher. Elle me mena
à la campagne chez des personnes
qu'elle avait vues trois jours auparavant à un dîner chez un vieux
ami de mon oncle de Beaumont, et
me quitta le lendemain de notre
arrivée en me disant : « Tu n'es
pas bien portante : l'air de la campagne te fera du bien. Je viendrai

te chercher la semaine prochaine. »

Elle m'y laissa quatre ou cinq mois.

J'aborde de nouveaux personnages, un nouveau milieu où le hasard me jeta brusquement, et où la Providence me fit trouver des êtres excellents, des amis généreux, un temps d'arrêt dans mes souffrances, et un nouvel aspect des choses humaines.

Madame Roettiers du Plessis était la plus franche et la plus généreuse nature du monde. Riche héritière, elle avait aimé dès l'enfance son oncle James Roettiers, capitaine de chasseurs, *troupier fini*, dont la vive

jeunesse avait beaucoup effrayé la
famille. Mais l'instinct du cœur n'a-
vait pas trompé la jeune Angèle.
James fut le meilleur des époux et
des pères. Ils avaient cinq enfants
et dix ans de mariage quand je les
connus. Ils s'aimaient comme au
premier jour et se sont toujours
aimés ainsi.

Madame Angèle, bien qu'à vingt-
sept ans elle eût les cheveux gris,
était charmante. Elle manquait de
grâce, ayant toujours eu la pétulance, la franchise d'un garçon, et
la plus complète absence de coquet-
terie; mais sa figure était délicate
et jolie; sa fraîcheur, qui contras-

tait avec cette chevelure argentée, rendait sa beauté très-originale.

James avait la quarantaine et le front très-dégarni; mais ses yeux, bleus et ronds, pétillaient d'esprit et de gaieté, et toute sa physionomie peignait la bonté et la sincérité de son âme.

Les cinq enfants étaient cinq filles, dont une était élevée par le frère aîné de James; les quatre autres, habillées en garçons, couraient et grouillaient dans la maison la plus rieuse et la plus bruyante que j'eusse jamais vue.

Le château était une grande villa du temps de Louis XVI, jetée en

XV.   7

pleine Brie, à deux lieues de Me-
lun. Absence complète de vue et
de poésie aux alentours, mais en
revanche un parc très-vaste et
d'une belle végétation : des fleurs,
des gazons immenses, toutes les ai-
ses d'une habitation que l'on ne
quitte en aucune saison, et le voi-
sinage d'une ferme considérable qui
peuplait de bestiaux magnifiques les
prairies environnantes. Madame Angèle et moi nous nous prîmes d'a-
mitié à première vue. Bien qu'elle
eût l'air d'un garçon sans en avoir
les habitudes, tandis que j'en avais
un peu l'éducation sans en avoir
l'air, il y avait entre nous ce rapport, que nous ne connaissions ni
ruses ni vanités de femme, et nous

sentîmes tout d'abord que nous ne
serions jamais, en rien et à propos
de personne, la rivale l'une de l'autre; que, par conséquent, nous pou-
vions nous aimer sans méfiance et
sans risque de nous brouiller jamais.

Ce fut elle qui provoqua ma
mère à me laisser chez elle. Elle
avait compté que nous y passe-
rions huit jours. Ma mère s'ennuya
dès le lendemain, et comme je sou-
pirais en quittant déjà ce beau parc
tout souriant de sa parure printa-
nière, et ces figures ouvertes et
sympathiques qui interrogeaient la
mienne, madame Angèle, par sa dé-
cision de caractère et sa bienveillance assurée, trancha la difficulté.

7.

Elle était mère de famille si irré-
prochable, que ma propre mère ne
pouvait s'inquiéter du *qu'en dira-
t-on*, et comme cette maison était un
terrain neutre pour ses antipathies
et ses ressentiments, elle accepta
sans se faire prier.

Cependant, comme au bout de la
semaine, elle ne faisait pas mine de
revenir, je commençai à m'inquiéter,
non pas de mon abandon dans une
famille que je voyais si respectable
et si parfaite, mais de la crainte
d'être à charge, et j'avouai mon
embarras.

James me prit à part et me dit :
« Nous savons toute l'histoire de

votre famille. J'ai un peu connu
votre père à l'armée, et j'ai été mis
au courant, le jour où je vous ai
vue à Paris, de ce qui s'est passé
depuis sa mort ; comment vous avez
été élevée par votre grand'mère, et
comment vous êtes retombée sous
la domination de votre mère. J'ai
demandé pourquoi vous ne pouviez
pas vous entendre avec elle. On m'a
appris, et je l'ai vu au bout de
cinq minutes, qu'elle ne pouvait se
défendre de dire du mal de sa
belle-mère devant vous, que cela
vous blessait mortellement, et qu'elle
vous tourmentait d'autant plus que
vous baissiez la tête en silence. Votre air malheureux m'a intéressé à
vous. Je me suis dit que ma femme

vous aimerait comme je vous aimais
déjà, que vous seriez pour elle une
société sûre et une amie agréable.
Vous avez parlé en soupirant du
bonheur de vivre à la campagne.
Je me suis promis du plaisir à vous
donner ce plaisir-là. J'ai parlé le
soir tout franchement à votre mère,
et comme elle me disait avec la
même franchise qu'elle s'ennuyait de
votre figure triste et désirait vous
voir mariée, je lui ai dit qu'il n'y
avait rien de plus facile que de
marier une fille qui a une dot,
mais qu'elle ne vivait pas de manière à vous mettre à même de
choisir, car je voyais bien que vous
êtes une personne à vouloir choisir, et vous avez raison. Alors je

l'ai engagée à venir passer quelques semaines ici, où vous voyez que nous recevons beaucoup d'amis ou de camarades à moi, que je connais à fond, et sur lesquels je ne la laisserais pas se tromper. Elle a eu confiance, elle est venue; mais elle s'est ennuyée, et elle est partie. Je suis sûr qu'elle consentira très-bien à vous laisser avec nous tant que vous voudrez. Y consentez-vous vous-même? Vous nous ferez plaisir, nous vous aimons déjà tout à fait. Vous me faites l'effet d'être ma fille, et ma femme raffole de vous. Nous ne vous tourmenterons pas sur l'article du mariage. Nous ne vous en parlerons jamais, parce que nous aurions l'air de vouloir nous débarrasser de vous, ce qui ne ferait pas le compte d'Angèle; mais si, parmi les braves gens qui nous entourent et nous fréquentent, il se trouve quelqu'un qui vous plaise, dites-le-nous, et nous vous dirons loyalement s'il vous convient ou non.

Madame Angèle vint joindre ses instances à celles de son mari. Il n'y avait pas moyen de se tromper à leur sincérité, à leur sympathie. Ils voulaient être mon père et ma mère, et je pris l'habitude, que j'ai toujours gardée, de les appeler ainsi. Toute la maison s'y habitua aussitôt, jusqu'aux domestiques, qui me disaient : « Mademoiselle, votre père

vous cherche, votre mère vous demande. » Ces mots en disent plus
que ne le ferait un récit détaillé
des soins, des attentions, des tendresses délicates et soutenues qu'eurent pour moi ces deux excellents
êtres. Madame Angèle me vêtit et
me chaussa, car j'étais en guenilles
et en savates. J'eus à ma disposition
une bibliothèque, un piano et un
cheval excellent. C'était le superflu
de mon bonheur.

J'eus quelque ennui d'abord des as-
siduités d'un brave officier en retraite
qui me fit la cour. Il n'avait absolument rien que sa demi-solde et il
était le fils d'un paysan. Cela me
mit bien mal à l'aise pour le décou-

rager. Il ne me plaisait pas du tout,
et il était si honnête homme que
je n'osais point croire qu'il ne fût
épris que de ma dot. J'en parlai
au père James en lui remontrant
qu'il m'ennuyait, mais que j'avais si
grand' peur de l'humilier et de lui
laisser croire que je le dédaignais
à cause de sa pauvreté, que je ne
savais comment m'y prendre pour
m'en débarrasser. Il s'en chargea,
et ce brave garçon partit sans ran-
cune contre moi.

Plusieurs autres offres de mariage
furent faites par mon oncle Maré-
chal, mon oncle de Beaumont,
Pierret, etc. Il y en eut de très-
satisfaisantes, pour parler le langage

du monde, sous le rapport de la fortune et même de la naissance, malgré la prédiction de mon cousin Auguste. Je refusai tout, non pas brusquement, ma mère s'y fût obstinée, mais avec assez d'adresse pour qu'on me laissât tranquille. Je ne pouvais accepter l'idée d'être demandée en mariage par des gens qui ne me connaissaient pas, qui ne m'avaient jamais vue, et qui par conséquent ne songeaient qu'à faire une *affaire*.

Mes bons parents du Plessis, voyant bien réellement que je n'étais pas pressée, me prouvèrent bien réellement aussi qu'ils n'étaient pas pressés non plus de me

voir prendre un parti. Ma vie auprès d'eux était enfin conforme à
mes goûts et salutaire à mon cœur
malade.

Je n'ai pas dit tout ce que j'a-
vais souffert de la part de ma
mère. Je n'ai pas besoin d'entrer
dans le détail de ses violences et de
leurs causes, qui étaient si fantas-
ques qu'elles en paraîtraient invrai-
semblables. A quoi bon d'ailleurs?
Elles sont bien mille fois pardonnées dans mon cœur, et comme je
ne me crois pas meilleure que Dieu,
je suis bien certaine qu'il les lui a
pardonnées aussi. Pourquoi offrirais-
je ce détail au jugement de beaucoup de lecteurs, qui ne sont peut-

être ni plus patients, ni plus justes
à l'habitude, que ne l'était ma pauvre mère dans ses crises nerveuses?
J'ai tracé fidèlement son caractère,
j'en ai montré le côté grand et le
côté faible. Il n'y a à voir en elle
qu'un exemple de la fatalité pro-
duite bien moins par l'organisation
de l'individu que par les influences
de l'ordre social : la réhabilitation
refusée à l'être qui s'en montre
digne; le désespoir et l'indignation
de cet être généreux, réduit à douter de tout et à ne pouvoir plus
se gouverner lui-même.

Cela seul était utile à dire. Le
reste ne regarde que moi. Je dirai
donc seulement que je manquai de

force pour supporter ces inévitables
résultats de sa douleur. La mort de
mon père avait été pour moi une
catastrophe que mon jeune âge m'a-
vait empêchée de comprendre, mais
dont je devais subir et sentir les
conséquences pendant toute ma jeunesse.

Je les comprenais enfin, mais cela
ne me donnait pas encore le courage nécessaire pour les accepter.
Il faut avoir connu les passions de
la femme et les tendresses de la
mère pour entrer dans la tolérance
complète dont j'aurais eu besoin.
J'avais l'orgueil de ma candeur, de
mon inexpérience, de ma facile
égalité d'âme. Ma mère avait raison

de me dire souvent : « Quand tu auras souffert comme moi, tu ne seras plus *sainte Tranquille !* »

J'avais réussi à me contenir, c'était tout ; mais j'avais eu plusieurs accès de colère muette, qui m'avaient fait un mal affreux, et après lesquels je m'étais sentie reprise de ma maladie de suicide. Toujours ce mal étrange changeait de forme dans mon imagination. Cette fois j'avais éprouvé le désir de mourir d'inanition, et j'avais failli le satisfaire malgré moi, car il me fallait pour manger un tel effort de volonté, que mon estomac repoussait les aliments, mon gosier se serrait, rien ne passait, et je ne pouvais

pas me défendre d'une joie secrète
en me disant que cette mort par
la faim allait arriver sans que j'en
fusse complice.

J'étais donc très-malade quand
j'allai au Plessis, et ma tristesse
était tournée à l'hébétement. Peut-
être que c'était trop d'émotions répétées pour mon âge.

L'air des champs, la vie bien ré-
glée, une nourriture abondante et
variée, où je pouvais choisir, au
commencement, ce qui répugnait le
moins aux révoltes de mon appétit
détruit; l'absence de tracasseries et
d'inquiétudes, et l'amitié surtout, la
sainte amitié, dont j'avais besoin

plus que de tout le reste, m'eurent
bientôt guérie. Jusque-là je n'avais
pas su combien j'aimais la campagne et combien elle m'était nécessaire. Je croyais n'aimer que
Nohant. Le Plessis s'empara de moi
comme un Éden. Le parc était à
lui seul toute la nature, qui méri-
tait un regard dans cet affreux pays
plat. Mais qu'il était charmant, ce
parc immense, où les chevreuils
bondissaient dans des fourrés épais,
dans des clairières profondes, autour
des eaux endormies de ces mares
mystérieuses que l'on découvre sous
les vieux saules et sous les grandes
herbes sauvages! Certains endroits
avaient la poésie d'une forêt vierge.
Un bois vigoureux est toujours et

en toute saison une chose admirable.

Il y avait aussi de belles fleurs et des orangers embaumés autour de la maison, un jardin potager luxuriant. J'ai toujours aimé les potagers. Tout cela était moins rustique, mieux tenu, mieux distribué, partant moins pittoresque et moins rêveur que Nohant; mais quelles longues voûtes de branches, quelles perspectives de verdure, quels beaux temps de galop dans les allées sablonneuses! Et puis, des hôtes jeunes, des figures toujours gaies, des enfants terribles si bons enfants! Des cris, des rires, des parties de barres effrénées, une escarpolette à

se casser le cou! Je sentis que j'é-
tais encore un enfant moi-même.
Je l'avais oublié. Je repris mes
goûts de pensionnaire, les courses
échevelées, les rires sans sujet, le
bruit pour l'amour du bruit, le
mouvement pour l'amour du mouvement. Ce n'étaient plus les promenades fiévreuses ou les mornes
rêveries de Nohant, l'activité où l'on
se jette avec rage pour secouer le
chagrin, l'abattement où l'on voudrait pouvoir s'oublier toujours.
C'était la véritable partie de plaisir, l'amusement à plusieurs, la vie
de famille pour laquelle, sans m'en
douter, j'étais si bien faite, que je
n'ai jamais pu en supporter d'autre
sans tomber dans le spleen.

8.

C'est là que je renonçai pour la
dernière fois aux rêves du couvent.
Depuis quelques mois, j'y étais revenue naturellement dans toutes les
crises de ma vie extérieure. Je
compris enfin, au Plessis, que je
ne vivrais pas facilement ailleurs
que dans un air libre et sur un
vaste espace, toujours le même si
besoin était, mais sans contrainte
dans l'emploi du temps et sans sé-
paration forcée avec le spectacle de
la vie paisible et poétique des
champs.

Et puis, j'y compris aussi, non
pas l'exaltation de l'amour, mais les
parfaites douceurs de l'union con-
jugale et de l'amitié vraie, en

voyant le bonheur d'Angèle; cette confiance suprême, ce dévouement tranquille et absolu, cette sécurité d'âme qui régnaient entre elle et son mari au lendemain déjà de la première jeunesse. Pour quiconque n'eût pu obtenir du ciel que la promesse de dix années d'un tel bonheur, ces dix années valaient toute une vie.

J'avais toujours adoré les enfants, toujours recherché, à Nohant et au couvent, la société fréquente d'enfants plus jeunes que moi. J'avais tant aimé et tant soigné mes poupées, que j'avais l'instinct prononcé de la maternité. Les quatre filles de ma mère Angèle lui donnaient bien du tourment; mais c'était le *cher tourment* dont se plaignait madame Alicia avec moi, et c'était encore bien mieux : c'étaient les enfants de ses entrailles, l'orgueil de son hyménée, la préoccupation de tous ses instants, le rêve de son avenir.

James n'avait qu'un regret, c'était de n'avoir pas au moins un fils. Pour s'en donner l'illusion, il voulait voir le plus longtemps possible ses filles habillées en garçons. Elles portaient des pantalons et des jaquettes rouges, garnis de boutons d'argent, et avaient la mine de petits soldats mutins et courageux. A elles se joignaient souvent les trois filles de sa sœur madame Gondoin

Saint-Aignan, dont l'aînée m'a été bien chère; et puis Loïsa Puget, dont le père était associé à mon père James dans l'exploitation d'une usine; enfin quelques garçons de la famille ou de l'intimité, Norbert Saint-Martin, fils du plus jeune des Roettiers, Eugène Sandré et les neveux d'un vieux ami. Quand tout ce petit monde était réuni, j'étais l'aînée de la bande et je menais les jeux, où je prenais, assez long-temps encore après mon mariage, autant de plaisir pour mon compte que le dernier de la nichée.

Je redevenais donc jeune, je retrouvais mon âge véritable au Plessis. J'aurais pu lire, veiller, réflé-

chir; j'avais des livres à discrétion
et la plus entière liberté. Il ne me
vint pas à l'esprit d'en profiter.
Après les cavalcades et les jeux de
la journée, je tombais de sommeil
aussitôt que j'avais mis le pied
dans ma chambre et je me réveil-
lais pour recommencer. Les seules
réflexions qui me vinssent, c'était la
crainte d'avoir à réfléchir. J'en
avais trop pris à la fois; j'avais
besoin d'oublier le monde des idées,
et de m'abandonner à la vie de
sentiment paisible et d'activité juvé-
nile.

Il paraît que ma mère m'avait
annoncée là comme une *pédante*,
un *esprit fort*, une *originale*. Cela

avait un peu effrayé ma mère Angèle, qui en avait eu d'autant plus
de mérite à s'intéresser quand même
à mon malheur; mais elle attendit
vainement que je fisse paraître mon
bel esprit et ma vanité. Deschartres était le seul être avec qui je
me fusse permis d'être pédante;
puisqu'il était pédant lui-même et
dogmatisait sur toutes choses, il n'y
avait guère moyen de ne pas dis-
serter avec lui. Qu'aurais-je fait au
Plessis de mon petit bagage d'écolier? Cela n'eût ébloui personne, et
je trouvais bien plus agréable de
l'oublier que d'en repaître les autres et moi-même. Je n'éprouvais
le besoin d'aucune discussion, puisque mes idées ne rencontraient

autour de moi aucune espèce de
contradiction. La chimère de la
naissance n'eût été, dans cette famille d'ancienne bourgeoisie, qu'un
sujet de plaisanterie sans aigreur, et
comme elle n'y avait pas d'adeptes,
elle n'y avait pas non plus d'ad-
versaires. On n'y pensait pas, on ne
s'en occupait jamais.

A cette époque, la bourgeoisie
n'avait pas la morgue qu'elle a ac-
quise depuis et l'amour de l'argent
n'était point passé en dogme de
morale publique. Quand même il
en eût été ainsi d'ailleurs, il en eût
été autrement au Plessis. James
avait de l'esprit, de l'honneur et
du bon sens. Sa femme, qui était

tout cœur et tout tendresse, l'avait enrichi alors qu'il n'avait rien. Le pur amour, le complet désintéressement étaient la religion et la morale de cette noble femme. Comment me serais-je trouvée en désaccord sur quoi que ce soit avec elle ou avec les siens? Cela n'arriva jamais.

Leur opinion politique était le bonapartisme non raisonné, à l'état de passion contre la restauration monarchique, œuvre de la lance des Cosaques et de la trahison des grands généraux de l'empire. Ils ne voyaient pas dans la bourgeoisie dont ils faisaient partie une trahison plus vaste, une invasion plus déci-

sive. Cela ne se voyait pas alors, et
la chute de l'empereur n'était bien
comprise par personne. Les débris
de la grande armée ne songeaient
pas à l'imputer au libéralisme doc-
trinaire, qui en avait pourtant bien
pris sa bonne part. Dans les temps
d'oppression, toutes les oppositions
arrivent vite à se donner la main.
L'idée républicaine se personnifiait
alors dans Carnot, et les bonapar-
tistes purs se réconciliaient avec
l'idée, à cause de l'homme qui
avait été grand avec Napoléon dans
le malheur et dans le danger de
la patrie.

Je pouvais donc continuer à être
républicaine avec Jean-Jacques Rous-

seau, et bonapartiste avec mes amis
du Plessis, ne connaissant pas assez
l'histoire de mon temps, et n'étant
pas, en ce moment-là, assez portée
à la réflexion et à l'étude des causes pour me débrouiller dans la
divergence des faits; mes amis,
comme la plupart des Français à
cette époque, n'y voyaient pas
moins trouble que moi.

Il y avait pourtant des opinions
auprès de nous qui eussent dû me
donner à penser. Le frère aîné de
James et quelques-uns de ses plus
vieux amis s'étaient ralliés avec
ardeur à la monarchie et détestaient
le souvenir des guerres ruineuses de
l'empire. Était-ce affaire d'intérêt,

considération de fortune, ou amour
de la sécurité? James bataillait
contre eux en vrai chevalier de la
France, ne voyant que l'honneur
du drapeau, l'horreur de l'étranger,
la honte de la défaite et la douleur de la trahison. Après sept ans
de restauration, il avait encore des
larmes pour les héros du passé, et
comme il n'était ni bête, ni ridicule, ni *culotte de peau*, on écoutait avec émotion ses longues his-
toires de guerre souvent répétées,
mais toujours pittoresques et saisis-
santes. Je les savais par cœur, et je
les écoutais encore, y découvrant
un talent de romancier historique
qui m'attachait, quoique je fusse
bien loin de songer à devenir un

romancier moi-même. Quelques passages du roman de *Jacques* m'ont
été suggérés par de vagues souvenirs des récits de mon père James.

Puisque j'ai nommé Loïsa Puget,
que j'ai perdue de vue au bout de
deux ou trois ans, je dois un souvenir à cette enfant remarquable, que
j'ai à peine connue jeune fille. Elle
avait quelques années de moins que
moi, et cela faisait alors une si
grande différence, que je ne me
rappelle pas sans quelque étonnement l'espèce de liaison que nous
avions ensemble. Il est certain
qu'elle fut à peu près le seul être
avec qui je m'entretins parfois d'art
et de littérature au Plessis. Elle

était donc d'une grande précocité
d'esprit et montrait une aptitude en
même temps qu'une paresse singulières dans toutes ses études. Elle
fut, je crois, une victime de la *fa-
cilité*. Elle comprenait tout d'emblée
et s'assimilait promptement toutes
les idées musicales et littéraires. Sa
mère avait été cantatrice en province, et, quoiqu'elle eût la voix
cassée, chantait encore admirable-
ment bien quand elle consentait à
se faire entendre en petit comité.
Elle était aussi très-bonne musi-
cienne et tourmentait Loïsa pour
qu'elle étudiât sérieusement, au lieu
d'improviser au hasard. Loïsa, qui
avait du bonheur dans ses impro-
visations, ne l'écoutait guère. C'était

un enfant terrible, plus terrible que
tous ceux du Plessis. Jolie comme
un ange, pleine de reparties drôles,
elle savait se faire gâter par tout le
monde. Je crois qu'elle s'est gâtée
aussi elle-même à force de se contenter, esprit facile, de ses idées fa-
ciles. Elle a produit des choses
gaies d'intention, spontanées, d'un
rhythme heureux, d'une couleur
nette et d'une parfaite rondeur. Ce
sont des qualités qui l'emportent
encore sur la vulgarité du genre.
Mais moi qui me souviens d'elle
plus qu'elle ne l'imagine peut-être
(car j'étais déjà dans l'âge de l'attention quand elle n'était encore
que dans celui de l'intuition), je
sais qu'il y avait en elle beaucoup

XV.   9

plus qu'elle n'a donné; et si l'on
me disait que, retirée et comme
oubliée en province, elle a produit
quelque œuvre plus sérieuse et
plus sentie que ses anciennes chan-
sons, ne fût-ce que d'autres chan-
sons (car la forme et la dimension
ne font rien à la qualité des choses), je ne serais pas étonnée du
tout d'un progrès immense de sa
part.

Il y avait dans la maison un
personnage assez fantastique qui
s'appelait monsieur Stanislas Hue.
C'était un vieux garçon surmonté
d'un gazon jaunâtre et dont les
traits durs n'étaient pas sans
quelque analogie avec ceux de Des-

chartres : mais il ne s'y trouvait
point la ligne de beauté originelle
qui, en dépit du hâle, de l'âge et
de l'expression à la fois bourrue
et comique, révélait la beauté de
l'âme de mon pédagogue. Le père
Stanislas, on appelle volontiers ainsi
ces vieux hommes sans famille qui
passent à l'état de moines grognons,
n'était ni bon ni dévoué. Il était
souvent aimable, ne manquant ni
de savoir ni d'esprit : mais il pensait et disait volontiers du mal de
tout le monde. Il voyait en noir,
et n'avait peut-être pas le droit
d'être misanthrope, n'étant pas meilleur et plus aimant qu'un autre.

Ses manies divertissaient la fa-

mille, bien qu'on n'osât pas en rire
devant lui. Je l'osai pourtant, ayant
l'habitude de faire rire Deschartres
de lui-même et croyant la plaisanterie ouverte plus acceptable que la
moquerie détournée. Je le rendis
furieux, et puis il en revint. Et puis,
il se refâcha et se défâcha je ne
sais combien de fois. Tantôt il avait
un faible pour mes taquineries et
les provoquait. Tantôt elles l'irri-
taient d'une façon burlesque. Il était
pourtant très-obligeant pour moi en
général. Le beau cheval que je
montais était à lui. C'était un an-
dalou noir appelé Figaro qui avait
vingt-cinq ans, mais qui avait encore la souplesse, l'ardeur et la so-
lidité d'un jeune cheval. Quelque-

fois son maître me le refusait, quand je l'avais mis de mauvaise humeur. Figaro se trouvait tout à coup boiteux. Mon père James allait me le chercher pendant que M. Stanislas avait le dos tourné. Nous partions au grand galop, et au bout de deux heures nous revenions lui dire que Figaro allait beaucoup mieux, l'air lui ayant fait du bien. Il s'en vengeait, au dire de James, par une bonne note bien méchante dans son journal ; car il faisait un journal jour par jour, heure par heure, de tout ce qui se disait et se faisait autour de lui, et il avait ainsi, disait-on, vingt-cinq ans de sa vie consignés, jusqu'aux plus insignifiants détails, dans une montagne de

cahiers pour lesquels il lui fallait
une voiture de transport dans ses
déplacements et une chambre particulière dans ses établissements. Je
ne crois pas qu'il y ait eu d'homme
plus chargé de ses souvenirs et
plus embarrassé de son passé.

Une autre manie consistait à ne
rien laisser perdre de ce qui traî-
nait. Il ramassait, dans tous les
coins de la maison et du jardin,
les objets oubliés ou abandonnés,
une bêche cassée, un mouchoir de
poche, un vieux soulier, un vieux
chenet, une paire de ciseaux. L'appartement qu'il occupait au Plessis
était un musée encombré, jusqu'au
plafond, de guenilles et de vieilles

ferrailles. Ce n'était ni avarice ni penchant au larcin, car tout cela était pour lui sans usage, et une fois entré dans son capharnaüm, n'en devait sortir qu'à sa mort. Tout ce qu'on peut présumer de la cause de cette fantaisie, c'est que son vieux fonds de malice et de critique le portait à faire chercher aux gens peu soigneux les objets égarés. C'était une secrète joie pour lui de mettre les domestiques, les enfants et les hôtes de la maison en peine et en recherches. On n'avait pas la liberté de poser un livre sur le piano ou sur la table du salon, d'accrocher son chapeau à un arbre, de mettre un râteau contre un mur, ou un bougeoir

sur l'escalier, sans qu'au retour, fût-
ce au bout de cinq minutes, l'objet
n'eût disparu pour ne jamais repa-
raître, tandis qu'il vous épiait, riant
en sa barbe et se frottant le men-
ton. « Ne cherchez pas, disait madame Angèle, ou pénétrez, si vous
pouvez, dans le magasin du père
Stanislas. » Or, c'était la chose impossible. Le père Stanislas se ren-
fermait au verrou quand il entrait
chez lui et emportait sa clef quand
il en sortait. Jamais *âme vivante*
n'avait balayé ou épousseté son
cabinet de *curiosités*. Il a été
mourir dans un autre château,
chez M. de Rochambeau, je crois,
où il avait transporté dans des
fourgons tout son attirail, et quand

tous ces trésors sortirent de la poussière pour être inventoriés, on m'a dit qu'il y en aurait eu pour des frais considérables d'inventaire, si l'on n'eût pris le parti d'estimer le tout à dix-huit francs.

Ce vieux renard avait, disait-on, douze mille livres de rente. Il avait été administrateur des guerres, si j'ai bonne mémoire. Ne voulant pas dépenser sa petite fortune, il se mettait en pension chez des amis, au moindre prix possible, et accumulait son revenu. C'était un pensionnaire insupportable à la longue, grognant à sa manière, qui consistait à railler amèrement le café trouble ou la sauce tournée, et à

déchirer à belles dents la gouver-
nante ou le cuisinier. Il était le
parrain de la dernière fille de
James, paraissait l'aimer beaucoup,
et faisait entendre adroitement qu'il
se chargeait de sa dot dans l'avenir;
mais il n'en fit rien, et, content
d'avoir fait enrager son monde,
mourut sans songer à personne.

Ma mère, ma sœur et Pierret
vinrent rarement passer un jour ou
deux au Plessis, pour savoir si je
m'y trouvais bien et si je désirais
y rester. C'était tout mon désir, et
tout alla bien entre ma mère et
moi jusque vers la fin du printemps.

A cette époque, M. et madame Duplessis allèrent passer quelques jours à Paris, et bien que je demeurasse chez ma mère, ils venaient me prendre tous les matins pour courir avec eux, dîner au *cabaret*, comme ils disaient, et *flâner* le soir sur les boulevards. Ce cabaret c'était toujours le *café de Paris* ou les *Frères provençaux;* cette flânerie, c'était l'Opéra, la *Porte-Saint-Martin*, ou quelque mimodrame du Cirque, qui réveillait les souvenirs guerriers de James. Ma mère était invitée à toutes ces parties; mais bien qu'elle aimât ce genre d'amusement, elle m'y laissait aller sans elle le plus souvent. Il semblait qu'elle voulût remettre tous ses

droits et toutes ses fonctions mater-
nelles à madame Duplessis.

Un de ces soirs-là, nous prenions
après le spectacle des glaces chez
Tortoni, quand ma mère Angèle dit
à son mari : « Tiens, voilà Casimir ! » Un jeune homme mince,
assez élégant, d'une figure gaie et
d'une allure militaire, vint leur
serrer la main et répondre aux
questions empressées qu'on lui adres-
sait sur son père, le colonel Dudevant, très-aimé et respecté de la
famille. Il s'assit auprès de madame
Angèle et lui demanda tout bas qui
j'étais. « C'est ma fille, répondit-
elle tout haut. — Alors, reprit-il
tout bas, c'est donc ma femme ?

Vous savez que vous m'avez promis la main de votre fille aînée. Je croyais que ce serait Wilfrid, mais comme celle-ci me paraît d'un âge mieux assorti au mien, je l'accepte, si vous voulez me la donner. » Madame Angèle se mit à rire, mais cette plaisanterie fut une prédiction.

Quelques jours après, Casimir Dudevant vint au Plessis et se mit de nos parties d'enfants avec un entrain et une gaieté pour son propre compte qui ne pouvaient me sembler que de bon augure pour son caractère. Il ne me fit pas la cour, ce qui eût troublé notre sans-gêne, et n'y songea même pas. Il se faisait entre nous

une camaraderie tranquille, et il
disait à madame Angèle, qui avait
depuis longtemps l'habitude de l'appeler son gendre : « Votre fille est
un bon garçon; » tandis que je disais de mon côté : « Votre gendre
est un bon enfant. »

Je ne sais qui poussa à continuer
tout haut la plaisanterie. Le père
Stanislas, pressé d'y entendre malice,
me criait dans le jardin quand on
y jouait aux barres : « Courez donc
après *votre mari!* » Casimir, emporté
par le jeu, criait de son côté :
« Délivrez donc *ma femme!* » Nous
en vînmes à nous traiter de mari
et femme avec aussi peu d'embarras
et de passion, que le petit Norbert

et la petite Justine eussent pu en avoir.

Un jour, le père Stanislas m'ayant dit à ce propos je ne sais quelle méchanceté dans le parc, je passai mon bras sous le sien, et demandai à ce vieux ours pourquoi il voulait donner une tournure amère aux choses les plus insignifiantes.

« Parce que vous êtes folle de vous imaginer, répondit-il, que vous allez épouser ce garçon-là. Il aura soixante ou quatre-vingt mille livres de rente, et certainement il ne veut point de vous pour femme.

— Je vous donne ma parole d'honneur, lui dis-je, que je n'ai

pas songé un seul instant à l'avoir
pour mari; et puisqu'une plaisanterie, qui eût été de mauvais ton
si elle n'eût commencé entre des
personnes aussi chastes que nous le
sommes toutes ici, peut tourner au
sérieux dans des cervelles chagrines
comme la vôtre, je vais prier *mon
père* et *ma mère* de la faire cesser
bien vite. »

Le père James, que je rencontrai
le premier en rentrant dans la
maison, répondit à ma réclamation
que le père Stanislas radotait. « Si
vous voulez faire attention aux épi-
grammes de ce vieux chinois, dit-il,
vous ne pourrez jamais lever un
doigt qu'il n'y trouve à gloser. Il

ne s'agit pas de ça. Parlons sérieusement. Le colonel Dudevant a, en
effet, une belle fortune, un beau
revenu, moitié du fait de sa femme,
moitié du sien; mais dans le sien
il faut considérer comme person-
nelle sa pension de retraite d'officier de la Légion d'honneur, de
baron de l'empire, etc. Il n'a de
son chef qu'une assez belle terre
en Gascogne, et son fils, qui n'est
pas celui de sa femme, et qui est
fils naturel, n'a droit qu'à la moitié
de cet héritage. Probablement il
aura le tout, parce que son père
l'aime et n'a pas d'autres enfants;
mais, tout compte fait, sa fortune
n'excédera jamais la vôtre et même
sera moindre au commencement.

Ainsi, il n'y a rien d'impossible à ce que vous soyez réellement mari et femme, comme nous en faisions la plaisanterie, et ce mariage serait encore plus avantageux pour lui qu'il ne le serait pour vous. Ayez donc la conscience en repos, et faites comme vous voudrez. Repoussez la plaisanterie si elle vous choque; n'y faites pas attention, si elle vous est indifférente.

— Elle m'est indifférente, répondis-je, et je craindrais d'être ridicule et de lui donner de la consistance si je m'en occupais. »

Les choses en restèrent là. Casimir partit et revint. A son retour, il fut plus sérieux avec moi et me demanda ma main à moi-même avec beaucoup de franchise et de netteté. « Cela n'est peut-être pas conforme aux usages, me dit-il ; mais je ne veux obtenir le premier consentement que de vous seule, en toute liberté d'esprit. Si je ne vous suis pas antipathique et que vous ne puissiez pourtant pas vous prononcer si vite, faites un peu plus d'attention à moi, et vous me direz dans quelques jours, dans quelque temps, quand vous voudrez, si vous m'autorisez à faire agir mon père auprès de votre mère. »

Cela me mettait fort à l'aise. M. et madame Duplessis m'avaient dit tant

10.

de bien de Casimir et de sa famille, que je n'avais pas de motifs
pour ne pas lui accorder une attention plus sérieuse que je n'avais
encore fait. Je trouvais de la sincérité dans ses paroles et dans toute
sa manière d'être. Il ne me parlait
point d'amour et s'avouait peu dis-
posé à la passion subite, à l'en-
thousiasme, et, dans tous les cas,
inhabile à l'exprimer d'une manière
séduisante. Il parlait d'une amitié à
toute épreuve, et comparait le tranquille bonheur domestique de nos
hôtes à celui qu'il croyait pouvoir
jurer de me procurer. « Pour vous
prouver que je suis sûr de moi,
disait-il, je veux vous avouer que
j'ai été frappé, à la première vue,

de votre air bon et raisonnable. Je
ne vous ai trouvée ni belle ni jolie; je ne savais pas qui vous étiez,
je n'avais jamais entendu parler de
vous; et cependant, lorsque j'ai dit
en riant à madame Angèle que
vous seriez ma femme, j'ai senti
tout à coup en moi la pensée que
si une telle chose arrivait, j'en serais bien heureux. Cette idée vague
m'est revenue tous les jours plus
nette, et quand je me suis mis à
rire et à jouer avec vous, il m'a
semblé que je vous connaissais depuis longtemps et que nous étions
deux vieux amis. »

Je crois qu'à l'époque de ma vie
où je me trouvais, et au sortir de

si grandes irrésolutions entre le couvent et la famille, une passion
brusque m'eût épouvantée. Je ne
l'eusse pas comprise, elle m'eût
peut-être semblé jouée ou ridicule,
comme celle du premier prétendant
qui s'était offert au Plessis. Mon
cœur n'avait jamais fait un pas en
avant de mon ignorance; aucune
inquiétude de mon être n'eût troublé mon raisonnement ou endormi
ma méfiance.

Je trouvai donc le raisonnement
de Casimir sympathique, et, après
avoir consulté mes hôtes, je restai
avec lui dans les termes de cette
douce camaraderie qui venait de

prendre une sorte de droit d'exister entre nous.

Je n'avais jamais été l'objet de
ces soins exclusifs, de cette soumis-
sion volontaire et heureuse qui
étonnent et touchent un jeune cœur.
Je ne pouvais pas ne point regarder bientôt Casimir comme le meilleur et le plus sûr de mes amis.

Nous arrangeâmes avec madame
Angèle une entrevue entre le colonel et ma mère, et jusque-là nous
ne fîmes point de projets, puisque
l'avenir dépendait du caprice de ma
mère, qui pouvait faire tout man-
quer. Si elle eût refusé, nous devions n'y plus songer et rester en
bonne estime l'un de l'autre.

Ma mère vint au Plessis et fut frappée, comme moi, d'un tendre respect pour la belle figure, les cheveux d'argent, l'air de distinction et de bonté du vieux colonel. Ils causèrent ensemble et avec nos hôtes. Ma mère me dit ensuite : « J'ai dit oui, mais pas de manière à ne m'en pas dédire. Je ne sais pas encore si le fils me plaît. Il n'est pas beau. J'aurais aimé un beau gendre pour me donner le bras. » Le colonel prit le mien pour aller voir une prairie artificielle derrière la maison, tout en causant agriculture avec James. Il marchait difficilement, ayant eu déjà de violentes attaques de goutte. Quand nous fûmes séparés avec James des autres promeneurs, il me parla avec une grande affection, me dit que je lui plaisais extraordinairement et qu'il regarderait comme un très-grand bonheur dans sa vie de m'avoir pour sa fille.

Ma mère resta quelques jours, fut aimable et gaie, taquina son futur gendre pour l'éprouver, le trouva bon garçon, et partit en nous permettant de rester ensemble sous les yeux de madame Angèle. Il avait été convenu que l'on attendrait, pour fixer l'époque du mariage, le retour à Paris de madame Dudevant, qui avait été passer quelque temps dans sa famille, au Mans. Jusque-là on devait prendre con-

naissance entre parents de la fortune réciproque, et le colonel devait régler le sort que, de son
vivant, il voulait assurer à son fils.

Au bout d'une quinzaine, ma
mère retomba comme une bombe
au Plessis. Elle avait *découvert* que
Casimir, au milieu d'une existence
désordonnée, avait été pendant quelque temps garçon de café. Je ne
sais où elle avait pêché cette bille-
vesée. Je crois que c'était un rêve
qu'elle avait fait la nuit précédente
et qu'au réveil elle avait pris au
sérieux. Ce grief fut accueilli par
des rires qui la mirent en colère.
James eut beau lui répondre sérieusement, lui dire qu'il n'avait

presque jamais perdu de vue la famille Dudevant, que Casimir n'était
jamais tombé dans aucun désordre;
Casimir lui-même eut beau protes-
ter qu'il n'y avait pas de honte à
être garçon de café, mais que
n'ayant quitté l'école militaire que
pour faire campagne comme sous-
lieutenant, et n'ayant quitté l'armée,
au licenciement, que pour faire son
droit à Paris, demeurant chez son
père et jouissant d'une bonne pension, ou le suivant à la campagne
où il était sur le pied d'un fils de
famille, il n'avait jamais eu, même
pendant huit jours, même pendant
douze heures, le *loisir* de servir
dans un café; elle s'y obstina, pré-
tendit qu'on se jouait d'elle, et m'em-

menant dehors, se répandit en invectives délirantes contre madame
Angèle, ses mœurs, le ton de sa
maison et les *intrigues* de Duplessis,
qui faisait métier de marier les hé-
ritières avec des aventuriers pour
en tirer des pots-de-vin, etc., etc.

Elle était dans un paroxysme si
violent que j'en fus effrayée pour
sa raison et m'efforçai de l'en distraire en lui disant que j'allais faire
mon paquet et partir tout de suite
avec elle; qu'à Paris, elle prendrait
toutes les informations qu'elle pourrait souhaiter, et que, tant qu'elle
ne serait pas satisfaite, nous ne ver-
rions pas Casimir. Elle se calma
aussitôt. « Oui, oui! dit-elle. Allons

faire nos paquets! » Mais à peine
avais-je commencé, qu'elle me dit :
« Réflexion faite, je m'en vas. Je
me déplais ici. Tu t'y plais, restes-y.
Je m'informerai, et je te ferai savoir ce que l'on m'aura dit. »

Elle partit le soir même, revint
encore faire des scènes du même
genre, et, en somme, sans en être
beaucoup priée, me laissa au Plessis
jusqu'à l'arrivée de madame Dudevant à Paris. Voyant alors qu'elle
donnait suite au mariage et me
rappelait auprès d'elle avec des in-
tentions qui paraissaient sérieuses,
je la rejoignis rue Saint-Lazare,
dans un nouvel appartement assez
petit et assez laid, qu'elle avait

loué derrière l'ancien Tivoli. Des
fenêtres de mon cabinet de toilette
je voyais ce vaste jardin, et dans
la journée, je pouvais, pour une
très-mince rétribution, m'y prome-
ner avec mon frère, qui venait d'arriver et qui s'installa dans une sou-
pente au-dessus de nous.

Hippolyte avait fini son temps, et,
bien qu'à la veille d'être nommé
officier, il n'avait pas voulu renouveler son engagement. Il avait pris
en horreur l'état militaire, où il
s'était jeté avec passion. Il avait
compté y faire un avancement plus
rapide : mais il voyait bien que
l'abandon des Villeneuve s'était
étendu jusqu'à lui, et il trouvait

ce métier de troupier en garnison,
sans espoir de guerre et d'honneur,
abrutissant pour l'intelligence et in-
fructueux pour l'avenir. Il pouvait
vivre sans misère avec sa petite
pension, et je lui offris, sans être
contrariée par ma mère, qui l'aimait beaucoup, de demeurer chez
moi jusqu'à ce qu'il eût avisé,
comme il en avait le dessein, à se
pourvoir d'un nouvel état.

Son intervention entre ma mère
et moi fut très-bonne. Il savait,
beaucoup mieux que moi, trouver
le joint de ce caractère malade. Il
riait de ses emportements, la flattait
ou la raillait. Il la grondait même,
et de lui elle souffrait tout. Son

cuir de hussard n'était pas aussi facile à entamer que ma susceptibi-
lité de jeune fille, et l'insouciance
qu'il montrait devant ses algarades
les rendait tellement inutiles qu'elle
y renonçait aussitôt. Il me récon-
fortait de son mieux, trouvant que
j'étais folle de me tant affecter de
ces inégalités d'humeur, qui lui semblaient de bien petites choses en
comparaison de la salle de police
et des *coups de torchon* du régiment.

Madame Dudevant vint faire sa
visite officielle à ma mère. Elle ne
la valait certes pas pour le cœur
et l'intelligence, mais elle avait des
manières de grande dame et l'exté-

rieur d'un ange de douceur. Je donnai tête baissée dans la sympathie
que son petit air souffrant, sa voix
faible et sa jolie figure distinguée
inspiraient dès l'abord, et m'inspi-
rèrent, à moi, plus longtemps que
de raison. Ma mère fut flattée de
ses avances qui caressaient justement l'endroit froissé de son orgueil. Le mariage fut décidé; et
puis il fut remis en question, et
puis rompu, et puis repris au gré
de caprices qui durèrent jusqu'à
l'automne et qui me rendirent encore souvent bien malheureuse et
bien malade; car j'avais beau reconnaître avec mon frère qu'au
fond de tout cela ma mère m'aimait et ne pensait pas un mot des

affronts que prodiguait sa langue,
je ne pouvais m'habituer à ces al-
ternatives de gaieté folle et de sombre colère, de tendresse expansive
et d'indifférence apparente ou d'a-
version fantasque.

Elle n'avait point de retours pour
Casimir. Elle l'avait pris en grippe,
parce que, disait-elle, son nez ne
lui plaisait pas. Elle acceptait ses
soins et s'amusait à exercer sa patience, qui n'était pas grande et
qui pourtant se soutint, avec l'aide
d'Hippolyte et l'intervention de Pierret. Mais elle m'en disait pis que
pendre, et ses accusations portaient
si à faux qu'il leur était impossible

de ne pas produire une réaction
d'indulgence ou de foi dans les
cœurs qu'elle voulait aigrir ou dés-
abuser.

Enfin elle se décida, après bien
des pourparlers d'affaires assez bles-
sants. Elle voulait me marier sous
le régime dotal, et M. Dudevant
père y faisait quelque résistance à
cause des motifs de méfiance contre
son fils qu'elle lui exprimait sans
ménagement. J'avais engagé Casimir
à résister de son mieux à cette mesure conservatrice de la propriété,
qui a presque toujours pour résultat de sacrifier la liberté morale de
l'individu à l'immobilité tyrannique

11.

de l'immeuble. Pour rien au monde
je n'eusse vendu la maison et le
jardin de Nohant, mais bien une
partie des terres, afin de me faire
un revenu en rapport avec la dé-
pense qu'entraînait l'importance re-
lative de l'habitation. Je savais que
ma grand'mère avait toujours été
gênée à cause de cette dispropor-
tion; mais mon mari dut céder devant l'obstination de ma mère, qui
goûtait le plaisir de faire un dernier acte d'autorité.

Nous fûmes mariés en septem-
bre 1822, et après les visites et retours de noces, après une pause de
quelques jours chez nos chers amis

du Plessis, nous partîmes avec mon frère pour Nohant, où nous fûmes reçus avec joie par le bon Deschartres.

CHAPITRE VINGT-DEUXIÈME [1].

Retraite à Nohant. — Travaux d'aiguille moralement utiles aux femmes. — Équilibre désirable entre la fatigue et le loisir. — Mon rouge-gorge. — Deschartres quitte Nohant. — Naissance de mon fils. — Deschartres à Paris. — Hiver de 1824 à Nohant. — Changements et améliorations qui me donnent le spleen. — Été au Plessis. — Les enfants. — L'idéal dans leur société. — Aversion pour la vie positive. — Ormesson. — Funérailles de Louis XVIII à Saint-Denis. — Le jardin désert. — Les *Essais* de Montaigne. — Nous revenons à Paris. — L'abbé de Prémord. — Retraite au couvent. — Aspirations à la vie monastique. — Maurice au couvent. — Sœur Hélène nous chasse.

[1] Cette partie a été écrite en 1853 et 1854.

Je passai à Nohant l'hiver de
1822–1823, assez malade, mais ab-
sorbée par le sentiment de l'amour
maternel qui se révélait à moi à
travers les plus doux rêves et les
plus vives aspirations. La transfor-

mation qui s'opère à ce moment
dans la vie et dans les pensées
de la femme est, en général, complète et soudaine. Elle le fut pour
moi comme pour le grand nombre.
Les besoins de l'intelligence, l'inquiétude des pensées, les curiosités
de l'étude, comme celles de l'ob-
servation, tout disparut aussitôt que
le doux fardeau se fit sentir, et
même avant que ses premiers tres-
saillements m'eussent manifesté son
existence. La Providence veut que,
dans cette phase d'attente et d'espoir, la vie physique et la vie
de sentiment prédominent. Aussi
les veilles, les lectures, les rêveries,
la vie intellectuelle en un mot
fut naturellement supprimée, et

sans le moindre mérite ni le moindre regret.

L'hiver fut long et rude, une neige épaisse couvrit longtemps la terre durcie d'avance par de fortes gelées. Mon mari aimait aussi la campagne, bien que ce fût autrement que moi, et, passionné pour la chasse, il me laissait de longs loisirs que je remplissais par le travail de la layette. Je n'avais jamais cousu de ma vie. Tout en disant que cela était nécessaire à savoir, ma grand'mère ne m'y avait jamais poussée, et je m'y croyais d'une maladresse extrême. Mais quand cela eut pour but d'habiller le petit être que je voyais dans

tous mes songes, je m'y jetai avec
une sorte de passion. Ma bonne
Ursule vint me donner les premières notions du *surjet* et du *ra-
battu*. Je fus bien étonnée de voir
combien cela était facile; mais en
même temps je compris que là,
comme dans tout, il pouvait y avoir
l'invention, et la *maëstria* du coup
de ciseaux.

Depuis j'ai toujours aimé le travail de l'aiguille, et c'est pour moi
une récréation où je me passionne
quelquefois jusqu'à la fièvre. J'essayai
même de broder les petits bon-
nets, mais je dus me borner à deux
ou trois : j'y aurais perdu la vue.
J'avais la vue longue, excellente;

mais c'est ce qu'on appelle chez
nous une *vue grosse*. Je ne distingue
pas les petits objets; et compter les
fils d'une mousseline, lire un caractère fin, regarder de près, en un
mot, est une souffrance qui me
donne le vertige et qui m'enfonce
mille épingles au fond du crâne.

J'ai souvent entendu dire à des
femmes de talent que les travaux
du ménage, et ceux de l'aiguille
particulièrement, étaient abrutissants,
insipides, et faisaient partie de l'esclavage auquel on a condamné
notre sexe. Je n'ai pas de goût pour
la théorie de l'esclavage, mais je nie
que ces travaux en soient une conséquence. Il m'a toujours semblé

qu'ils avaient pour nous un attrait
naturel, invincible, puisque je l'ai
ressenti à toutes les époques de ma
vie, et qu'ils ont calmé parfois en
moi de grandes agitations d'esprit.
Leur influence n'est abrutissante
que pour celles qui les dédaignent
et qui ne savent pas chercher ce
qui se trouve dans tout : le *bien-
faire*. L'homme qui bêche ne fait-il
pas une tâche plus rude et aussi
monotone que la femme qui coud?
Pourtant le bon ouvrier qui bêche
vite et bien ne s'ennuie pas de bê-
cher, et il vous dit en souriant
qu'il *aime la peine*.

Aimer la peine, c'est un mot
simple et profond du paysan, que

tout homme et toute femme peuvent
commenter sans risque de trouver
au fond la loi du servage. C'est par
là, au contraire, que notre destinée
échappe à cette loi rigoureuse de
l'homme exploité par l'homme.

La peine est une loi naturelle à
laquelle nul de nous ne peut se
soustraire sans tomber dans le mal.
Dans les conjectures et les aspirations socialistes de ces derniers
temps, certains esprits ont trop cru
résoudre le problème du travail
en rêvant un système de machines
qui supprimerait entièrement l'effort
et la lassitude physiques. Si cela se
réalisait, l'abus de la vie intellec-

tuelle serait aussi déplorable que
l'est aujourd'hui le défaut d'équilibre
entre ces deux modes d'existence.
Chercher cet équilibre, voilà le problème à résoudre; faire que l'homme
de *peine* ait la somme suffisante
de loisir, et que l'homme de loisir
ait la somme suffisante de peine,
la vie physique et morale de tous
les hommes l'exige absolument; et
si l'on n'y peut pas arriver, n'espé-
rons pas nous arrêter sur cette
pente de décadence qui nous en-
traîne vers la fin de tout bonheur,
de toute dignité, de toute sagesse,
de toute santé du corps, de toute
lucidité de l'esprit. Nous y courons
vite, il ne faut pas se le dissi-
muler.

La cause n'est pas autre, selon moi, que celle-ci : une portion de l'humanité a l'esprit trop libre, l'autre l'a trop enchaîné. Vous chercherez en vain des formes politiques et sociales, il vous faut, avant tout, des hommes nouveaux. Cette génération-ci est malade jusqu'à la moelle des os. Après un essai de république où le but véritable, au point de départ, était de chercher à rétablir, autant que possible, l'égalité dans les conditions, on a dû reconnaître qu'il ne suffisait pas de rendre les citoyens égaux devant la loi. Je me hasarde même à penser qu'il n'eût pas suffi de les rendre égaux devant la fortune. Il eût fallu pouvoir les rendre

XV. 12

égaux devant le sens de la vérité.

Trop d'ambition, de loisir et de pouvoir d'un côté; de l'autre, trop d'indifférence pour la participation au pouvoir et aux nobles loisirs, voilà ce qu'on a trouvé au fond de cette nation d'où l'homme véritable avait disparu, si tant est qu'il y eût jamais existé. Des hommes du peuple éclairés d'une soudaine intelligence et poussés par de grandes aspirations ont surgi, et se sont trouvés sans influence et sans prestige sur leurs frères. Ces hommes-là étaient généralement sages et se préoccupaient de la solution du travail. La masse leur répondait : « Plus de travail, ou l'ancienne loi du travail.

Faites-nous un monde tout neuf,
ou ne nous tirez pas de notre cor-
vée par des chimères. Le nécessaire
assuré, ou le superflu sans limites;
nous ne voyons pas le milieu possible, nous n'y croyons pas, nous
ne voulons pas l'essayer, nous ne
pouvons pas l'attendre. »

Il le faudra pourtant bien. Jamais
les machines ne remplaceront
l'homme d'une manière absolue;
grâce au ciel, car ce serait la fin
du monde. L'homme n'est pas fait
pour penser toujours. Quand il
pense trop il devient fou, de même
qu'il devient stupide quand il ne
pense pas assez. Pascal l'a dit :

12.

« Nous ne sommes ni anges, ni
bêtes. »

Et quant aux femmes, qui, ni
plus ni moins que les hommes, ont
besoin de la vie intellectuelle, elles
ont également besoin de travaux
manuels appropriés à leur force.
Tant pis pour celles qui ne savent
y porter ni goût, ni persévérance,
ni adresse, ni le courage qui est le
plaisir dans la peine ! Celles-là ne
sont ni hommes ni femmes.

L'hiver est beau à la campagne,
quoi qu'on en dise. Je n'en étais pas
à mon apprentissage, et celui-là
s'écoula comme un jour, sauf six

semaines que je dus passer au lit
dans une inaction complète. Cette
prescription de Deschartres me sem-
bla rude, mais que n'aurais-je pas
fait pour conserver l'espoir d'être
mère? C'était la première fois que
je me voyais prisonnière pour cause
de santé. Il m'arriva un dédomma-
gement imprévu. La neige était si
épaisse et si tenace dans ce moment-là, que les oiseaux, mourant
de faim, se laissaient prendre à la
main. On m'en apporta de toutes
sortes, on couvrit mon lit d'une
toile verte, on fixa aux coins de
grandes branches de sapin, et je
vécus dans ce bosquet, environnée
de pinsons, de rouges-gorges, de ver-
diers et de moineaux qui, appri-

voisés soudainement par la chaleur
et la nourriture, venaient manger
dans mes mains et se réchauffer
sur mes genoux. Quand ils sortaient
de leur paralysie, ils volaient dans
la chambre, d'abord avec gaieté, puis
avec inquiétude, et je leur faisais
ouvrir la fenêtre. On m'en appor-
tait d'autres qui dégelaient de même
et qui, après quelques heures ou
quelques jours d'intimité avec moi
(cela variait suivant les espèces et
le degré de souffrance qu'ils avaient
éprouvé), me réclamaient leur liberté.
Il arriva que l'on me rapporta quelques-uns de ceux que j'avais relâ-
chés déjà, et auxquels j'avais mis
des marques. Ceux-là semblaient
vraiment me reconnaître et re-

prendre possession de leur maison
de santé après une rechute.

Un seul rouge-gorge s'obstina à
demeurer avec moi. La fenêtre fut ouverte vingt fois, vingt fois il alla jusqu'au bord, regarda la neige, essaya
ses ailes à l'air libre, fit comme
une pirouette de grâces et rentra,
avec la figure expressive d'un personnage raisonnable qui reste où
il se trouve bien. Il resta ainsi jusqu'à la moitié du printemps, même
avec les fenêtres ouvertes pendant
des journées entières. C'était l'hôte
le plus spirituel et le plus aimable
que ce petit oiseau. Il était d'une
pétulance, d'une audace et d'une
gaieté inouïes. Perché sur la tête

d'un chenet, dans les jours froids,
ou sur le bout de mon pied
étendu devant le feu, il lui prenait, à la vue de la flamme brillante, de véritables accès de folie. Il
s'élançait au beau milieu, la traversait d'un vol rapide et revenait
prendre sa place sans avoir une
seule plume grillée. Au commencement cette chose insensée m'effraya,
car je l'aimais beaucoup; mais je
m'y habituai en voyant qu'il la
faisait impunément.

Il avait des goûts aussi bizarres
que ses exercices, et, curieux d'essayer de tout, il s'indigérait de
bougie et de pâte d'amandes. En
un mot, la domesticité volontaire

l'avait transformé au point qu'il eut
beaucoup de peine à s'habituer à
la vie rustique, quand, après avoir
cédé au magnétisme du soleil, vers
le quinze avril, il se trouva dans
le jardin. Nous le vîmes longtemps
courir de branche en branche autour de nous, et je ne me pro-
menais jamais sans qu'il vînt crier
et voltiger près de moi.

Mon mari fit bon ménage avec
Deschartres, qui finissait son bail à
Nohant. J'avais prévenu M. Dudevant de son caractère absolu et
irascible, et il m'avait promis de
le ménager. Il me tint parole, mais
il lui tardait naturellement de
prendre possession de son autorité

dans nos affaires, et, de son côté,
Deschartres désirait s'occuper exclu-
sivement des siennes propres. J'ob-
tins qu'il lui fût offert de demeurer
chez nous tout le reste de sa vie,
et je l'y engageai vivement. Il ne
me semblait pas que Deschartres
pût vivre ailleurs, et je ne me
trompais pas; mais il refusa expres-
sément, et m'en dit naïvement la
raison. « Il y a vingt-cinq ans que
je suis le seul maître absolu dans
la maison, me dit-il, gouvernant
toutes choses, commandant à tout
le monde, et n'ayant pour me con-
trôler que des femmes, car votre
père ne s'est jamais mêlé de rien.
Votre mari ne m'a donné aucun
déplaisir, parce qu'il ne s'est pas

occupé de ma gestion. A présent qu'elle est finie, c'est moi qui le fàcherais malgré moi par mes critiques et mes contradictions. Je m'ennuierais de n'avoir rien à faire, je me dépiterais de ne pas être écouté ; et puis, je veux agir et commander pour mon compte. Vous savez que j'ai toujours eu le projet de faire fortune, et je sens que le moment est venu. »

L'illusion tenace de mon pauvre pédagogue pouvait être encore moins combattue que son appétit de domination. Il fut décidé qu'il quitterait Nohant à la Saint-Jean, c'est-à-dire au 24 juin, terme de son bail. Nous partîmes avant lui pour Paris, où, après quelques jours passés au Plessis chez nos bons amis, je louai un petit appartement garni hôtel de Florence, rue Neuve-des-Mathurins, chez un ancien chef de cuisine de l'empereur. Cet homme, qui se nommait Gaillot, et qui était un très-honnête et excellent homme, avait contracté au service de l'*en cas* une étrange habitude, celle de ne jamais se coucher. On sait que l'*en cas* de l'empereur était un poulet toujours rôti à point, à quelque heure de jour et de nuit que ce fût. Une existence d'homme avait été vouée à la présence de ce poulet à la broche, et Gaillot, chargé de le surveiller, avait dormi dix ans sur une chaise, tout habillé, toujours en mesure d'être sur pied en un instant. Ce dur régime ne l'avait pas préservé de l'obésité. Il le continuait, ne pouvant plus s'étendre dans un lit sans étouffer, et prétendant ne pouvoir dormir bien que d'un œil. Il est mort d'une maladie de foie entre cinquante et soixante ans. Sa femme avait été femme de chambre de l'impératrice Joséphine.

C'est dans l'hôtel qu'ils avaient meublé que je trouvai, au fond d'une seconde cour plantée en jardin, un petit pavillon où mon fils Maurice vint au monde, le 30 juin 1823, sans encombre et très-vivace. Ce fut le plus beau moment de

ma vie que celui où, après une
heure de profond sommeil qui suc-
céda aux douleurs terribles de cette
crise, je vis en m'éveillant ce petit
être endormi sur mon oreiller. J'a-
vais tant rêvé de lui d'avance, et
j'étais si faible, que je n'étais pas
sûre de ne pas rêver encore. Je
craignais de remuer et de voir la
vision s'envoler comme les autres
jours.

On me tint au lit beaucoup plus
longtemps qu'il ne fallait. C'est l'u-
sage à Paris de prendre plus de
précautions pour les femmes dans
cette situation qu'on ne le fait dans
nos campagnes. Quand je fus mère
pour la seconde fois, je me levai le

second jour et m'en trouvai fort
bien.

Je fus la nourrice de mon fils,
comme plus tard je fus la nourrice de sa sœur. Ma mère fut sa
marraine et mon beau-père son
parrain.

Deschartres arriva de Nohant tout
rempli de ses projets de fortune et
tout gourmé dans son antique habit bleu barbeau à boutons d'or. Il
avait l'air si provincial dans sa toilette surannée, qu'on se retournait
dans les rues pour le regarder. Mais
il ne s'en souciait pas et passait
dans sa majesté. Il examina Maurice
avec attention, le démaillota et le

retourna de tous côtés pour s'assurer qu'il n'y avait rien à redresser
ou à critiquer. Il ne le caressa pas :
je n'ai pas souvenance d'avoir vu
une caresse, un baiser de Deschartres à qui que ce soit; mais il le
tint endormi sur ses genoux et le
considéra longtemps. Puis, la vue
de cet enfant l'ayant satisfait, il con-
tinua à dire qu'il était temps qu'il
vécût pour lui-même.

Je passai l'automne et l'hiver sui-
vants à Nohant, tout occupée de
Maurice. Au printemps de 1824, je
fus prise d'un grand spleen dont je
n'aurais pu dire la cause. Elle était
dans tout et dans rien. Nohant était
amélioré, mais bouleversé; la mai-

son avait changé d'habitudes, le jardin avait changé d'aspect. Il y avait
plus d'ordre, moins d'abus dans la
domesticité; les appartements étaient
mieux tenus, les allées plus droites,
l'enclos plus vaste; on avait fait du
feu avec les arbres morts, on avait
tué les vieux chiens infirmes et mal-
propres, vendu les vieux chevaux
hors de service, renouvelé toutes
choses, en un mot. C'était mieux, à
coup sûr. Tout cela d'ailleurs occupait et satisfaisait mon mari. J'ap-
prouvais tout et n'avais raisonna-
blement rien à regretter; mais
l'esprit a ses bizarreries. Quand
cette transformation fut opérée,
quand je ne vis plus le vieux Pha-
nor s'emparer de la cheminée et

XV.   13

mettre ses pattes crottées sur le ta-
pis, quand on m'apprit que le vieux
paon qui mangeait dans la main
de ma grand'mère ne mangerait
plus les fraises du jardin, quand je
ne retrouvai plus les coins sombres
et abandonnés où j'avais promené
mes jeux d'enfant et les rêveries de
mon adolescence, quand, en somme,
un nouvel intérieur me parla d'un
avenir où rien de mes joies et de
mes douleurs passées n'allait entrer
avec moi, je me troublai, et sans
réflexion, sans conscience d'aucun
mal présent, je me sentis écrasée
d'un nouveau dégoût de la vie qui
prit encore un caractère maladif.

Un matin en déjeunant, sans au-

eun sujet immédiat de contrariété,
je me trouvai subitement étouffée
par les larmes. Mon mari s'en
étonna. Je ne pouvais rien lui expliquer, sinon que j'avais déjà
éprouvé de semblables accès de désespoir sans cause, et que probablement j'étais un cerveau faible ou
détraqué. Ce fut son avis, et il at-
tribua au séjour de Nohant, à la
perte encore trop récente de ma
grand'mère dont tout le monde l'en-
tretenait d'une façon attristante,
à l'air du pays, à des causes exté-
rieures enfin, l'espèce d'ennui qu'il
éprouvait lui-même en dépit de la
chasse, de la promenade et de l'activité de sa vie de propriétaire. Il
m'avoua qu'il ne se plaisait point

13.

du tout en Berry et qu'il aimerait
mieux essayer de vivre partout ailleurs. Nous convînmes d'essayer, et
nous partîmes pour le Plessis.

Par suite d'un arrangement pécu-
niaire que, pour me mettre à l'aise,
nos amis voulurent bien faire avec
nous, nous passâmes l'été auprès
d'eux et j'y retrouvai la distraction
et l'irréflexion nécessaires à la jeunesse. La vie du Plessis était charmante, l'aimable caractère des maîtres de la maison se reflétant sur
les diverses humeurs de leurs hôtes
nombreux. On jouait la comédie,
on chassait dans le parc, on faisait de grandes promenades, on
recevait tant de monde, qu'il était

facile à chacun de choisir un
groupe de préférence pour sa société. La mienne se forma de tout
ce qu'il y avait de plus enfant dans
le château. Depuis les marmots jusqu'aux jeunes filles et aux jeunes
garçons, cousins, neveux et amis de
la famille, nous nous trouvâmes une
douzaine, qui s'augmenta encore des
enfants et adolescents de la ferme.
Je n'étais pas la personne la plus
âgée de la bande, mais étant la
seule mariée, j'avais le gouvernement naturel de ce personnel respectable. Loïsa Puget, qui était devenue une jeune fille charmante;
Félicie Saint-Aignan, qui était encore une grande petite fille, mais
dont l'adorable caractère m'inspirait

une prédilection qui devint avec le
temps de l'amitié sérieuse; Tonine
Duplessis, la seconde fille de ma
mère Angèle, qui était encore un
enfant, et qui devait mourir comme
Félicie dans la fleur de l'âge, c'é-
taient là mes compagnes préférées.
Nous organisions des parties de jeu
de toutes sortes, depuis le volant
jusqu'aux barres, et nous inventions
des règles qui permettaient même
à ceux qui, comme Maurice, mar-
chaient encore à quatre pattes, de
prendre une part fictive à l'action
générale. Puis c'étaient des voyages,
voyages véritables, eu égard aux
courtes jambes qui nous suivaient,
à travers le parc et les immenses
jardins. Au besoin les plus grands

portaient les plus petits, et la
gaieté, le mouvement ne tarissaient
pas. Le soir, les grandes personnes
étant réunies, il arrivait souvent
que beaucoup d'entre elles pre-
naient part à notre vacarme; mais
quand elles en étaient lasses, ce
qui arrivait bien vite, nous avions
la malice de nous dire entre nous
que les dames et les messieurs ne
savaient pas jouer et qu'il faudrait
les éreinter à la course le lendemain pour les en dégoûter.

Mon mari, comme beaucoup d'autres, s'étonnait un peu de me voir
redevenue tout à coup si vivante et
si folle, dans ce milieu qui semblait si contraire à mes habitudes

mélancoliques; moi seule et ma
bande insouciante ne nous en éton-
nions pas. Les enfants sont peu
sceptiques à l'endroit de leurs plai-
sirs, et comprennent volontiers
qu'on ne puisse songer à rien de
mieux. Quant à moi, je me retrouvais dans une des deux faces de
mon caractère, tout comme à
Nohant de huit à douze ans, tout
comme au couvent de treize à
seize, alternative continuelle de solitude recueillie et d'étourdissement
complet, dans des conditions d'innocence primitive.

A cinquante ans, je suis exacte-
ment ce que j'étais alors. J'aime la
rêverie, la méditation et le travail;

mais, au delà d'une certaine mesure, la tristesse arrive, parce que
la réflexion tourne au noir, et si
la réalité m'apparaît forcément dans
ce qu'elle a de sinistre, il faut que
mon âme succombe, ou que la
gaieté vienne me chercher.

Or, j'ai besoin absolument d'une
gaieté saine et vraie. Celle qui est
égrillarde me dégoûte, celle qui est
de bel esprit m'ennuie. La conversation brillante me plaît à écouter
quand je suis disposée au travail de
l'attention; mais je ne peux supporter longtemps aucune espèce de
conversation suivie sans éprouver
une grande fatigue. Si c'est sérieux,
cela me fait l'effet d'une séance po-

litique ou d'une conférence d'affaires; si c'est méchant, ce n'est plus
gai pour moi. Dans une heure,
quand on a quelque chose à dire
ou à entendre, on a épuisé le sujet,
et après cela on ne fait plus qu'y
patauger. Je n'ai pas, moi, l'esprit
assez puissant pour traiter de plusieurs matières graves successive-
ment, et c'est peut-être pour me
consoler de cette infirmité que je
me persuade, en écoutant les gens
qui parlent beaucoup, que personne
n'est fort en paroles plus d'une
heure par jour.

Que faire donc pour égayer les
heures de la vie en commun dans
l'intimité de tous les jours? Parler

politique occupe les hommes en
général, parler toilette dédommage
les femmes. Je ne suis ni homme
ni femme sous ces rapports-là; je
suis enfant. Il faut qu'en faisant
quelque ouvrage de mes mains, qui
amuse mes yeux, ou quelque promenade qui occupe mes jambes,
j'entende autour de moi un échange
de vitalité qui ne me fasse pas
sentir le vide et l'horreur des
choses humaines. Accuser, blâmer,
soupçonner, maudire, railler, con-
damner, voilà ce qu'il y a au bout
de toute causerie politique ou
littéraire, car la sympathie, la confiance et l'admiration ont malheu-
reusement des formules plus con-
cises que l'aversion, la critique et

le commérage. Je n'ai pas la sainteté infuse avec la vie, mais j'ai la
poésie pour condition d'existence, et
tout ce qui tue trop cruellement le
rêve du bon, du simple et du vrai,
qui seul me soutient contre l'effroi
du siècle, est une torture à laquelle je me dérobe autant qu'il
m'est possible.

Voilà pourquoi, ayant rencontré
fort peu d'exceptions au positivisme
effrayant de mes contemporains d'âge,
j'ai presque toujours vécu par instinct et par goût avec des personnes
dont j'aurais pu, à peu d'années
près, être la mère. En outre, dans
toutes les conditions où j'ai été
libre de choisir ma manière d'être,

j'ai cherché un moyen d'idéaliser la
réalité autour de moi et de la
transformer en une sorte d'oasis
fictive, où les méchants et les oisifs
ne seraient pas tentés d'entrer ou
de rester. Un songe d'âge d'or, un
mirage d'innocence champêtre, ar-
tiste ou poétique, m'a prise dès l'enfance et m'a suivie dans l'âge mûr.
De là une foule d'amusements très-
simples et pourtant très-actifs, qui
ont été partagés réellement autour
de moi, et plus naïvement, plus
cordialement par ceux dont le cœur
a été le plus pur. Ceux-là, en me
connaissant, ne se sont plus étonnés
du contraste d'un esprit si porté à
s'assombrir et si avide de s'égayer;
je devrais dire peut-être d'une âme

si impossible à contenter avec ce
qui intéresse la plupart des hommes,
et si facile à charmer avec ce qu'ils
jugent puéril et illusoire. Je ne
peux pas m'expliquer mieux moi-
même. Je ne me connais pas beaucoup au point de vue de la théorie; j'ai seulement l'expérience de
ce qui me tue ou me ranime dans
la pratique de la vie.

Mais grâce à ces contrastes, certaines gens prirent de moi l'opinion que j'étais tout à fait bizarre.
Mon mari, plus indulgent, me ju-
gea idiote. Il n'avait peut-être pas
tort, et peu à peu il arriva, avec
le temps, à me faire tellement
sentir la supériorité de sa raison

et de son intelligence, que j'en fus
longtemps écrasée et comme hébétée
devant le monde. Je ne m'en plai-
gnis pas. Deschartres m'avait habi-
tuée à ne pas contredire violemment l'infaillibilité d'autrui, et ma
paresse s'arrangeait fort bien de ce
régime d'effacement et de silence.

Aux approches de l'hiver, comme
madame Duplessis allait à Paris,
nous nous consultâmes mon mari
et moi sur la résidence que nous
choisirions; nous n'avions pas le
moyen de vivre à Paris, et, d'ailleurs, nous n'aimions Paris ni l'un
ni l'autre. Nous aimions la campagne; mais nous avions peur de
Nohant; peur probablement de nous

retrouver vis-à-vis l'un de l'autre,
avec des instincts différents à tous
autres égards et des caractères qui
ne se pénétraient pas mutuellement.
Sans vouloir nous rien cacher, nous
ne savions rien nous expliquer; nous
ne nous disputions jamais sur rien, j'ai
trop horreur de la discussion pour
vouloir entamer l'esprit d'un autre;
je faisais, au contraire, de grands
efforts pour voir par les yeux de
mon mari, pour penser comme lui
et agir comme il souhaitait. Mais,
à peine m'étais-je mise d'accord avec
lui, que, ne me sentant plus d'accord avec mes propres instincts, je
tombais dans une tristesse effroyable.

Il éprouvait probablement quel-

que chose d'analogue sans s'en rendre compte, et il abondait dans
mon sens quand je lui parlais de
nous entourer et de nous distraire.
Si j'avais eu l'art de nous établir
dans une vie un peu extérieure et
animée, si j'avais été un peu lé-
gère d'esprit, si je m'étais plu dans
le mouvement des relations variées,
il eût été secoué et maintenu par
le commerce du monde. Mais je
n'étais pas du tout la compagne
qu'il lui eût fallu. J'étais trop ex-
clusive, trop concentrée, trop en
dehors du convenu. Si j'avais su
d'où venait le mal, si la cause de
son ennui et du mien se fût dessi-
née dans mon esprit sans expérience
et sans pénétration, j'aurais trouvé

XV.   14

le remède; j'aurais peut-être réussi
à me transformer; mais je ne comprenais rien du tout à lui ni à moi-
même.

Nous cherchâmes une maisonnette
à louer aux environs de Paris, et,
comme nous étions assez gênés,
nous eûmes grand'peine à trouver
un peu de confortable sans dépenser
beaucoup d'argent. Nous ne le trouvâmes même pas, car le pavillon
qui nous fut loué était une assez
pauvre et étroite demeure. Mais c'é-
tait à Ormesson, dans un beau jardin et dans un centre de relations
fort agréables.

L'endroit était alors laid et triste,

des chemins affreux, des coteaux
de vigne qui interceptaient la vue,
un hameau malpropre. Mais, à deux
pas de là, l'étang d'Enghien et le
beau parc de Saint-Gratien offraient
des promenades charmantes. Notre
pavillon faisait partie de l'habitation
d'une femme très-distinguée, madame Richardot, qui avait d'aimables enfants. Une habitation mi-
toyenne, appartenant à M. Hédie,
boulanger du roi, était louée et occupée par la famille de Malus, et,
chaque soir nos trois familles se
réunissaient chez madame Richardot pour jouer des charades en
costumes improvisés des plus co-
miques. En outre, ma bonne tante
Lucie et ma chère Clotilde sa fille

14.

vinrent passer quelques jours avec
nous. Cette saison d'automne fut
donc très-bénigne dans ma destinée.

Mon mari sortait beaucoup; il
était appelé souvent à Paris pour
je ne sais plus quelles affaires et
revenait le soir pour prendre part
aux divertissements de la réunion.
Ce genre de vie serait assez nor-
mal : les hommes occupés au dehors dans la journée, les femmes
chez elles avec leurs enfants, et le
soir la récréation des familles en
commun.

Une solennité étrange et magni-
fique, la dernière de ce genre que

la France ait vue, et qu'elle ne reverra probablement jamais sous la
même forme, vint nous convier
tous comme à un spectacle. Ce
fut la cérémonie des funérailles de
Louis XVIII à Saint-Denis.

Louis XVIII était mort sans que
cet événement eût ébranlé l'assiette
de la restauration bourbonnienne.
Charles X succédait sans orage. Le
parti libéral l'accueillait même avec
une bienveillance naïve ou simulée.
La nation entière porta le deuil de
cour. Chose singulière, ce deuil prit
spontanément comme une mode, et,
après avoir lutté quelque temps
contre ce qui me paraissait une
hypocrisie ou une adulation gra-

tuite, je m'y conformai, afin de ne
me pas voir me détacher seule,
comme un point de couleur criarde,
au milieu de toutes les autres
femmes, noires de la tête aux pieds.
Celles qui m'entouraient étaient toutes de l'opposition bonapartiste ou
libérale et portaient en riant ces
crêpes funèbres, disant que le noir
allait bien et que l'on avait l'air
d'une provinciale ou d'une épicière
en ne le portant pas. Je dus le
porter, moi, pour ne pas être con-
sidérée comme *esprit fort.*

Aucun de nous n'avait songé à
se munir de billets pour la cérémonie. Aucun de nous ne désirait
braver l'attente, la foule, la fatigue

inséparables de ces vastes solenni-
tés. La veille au soir, la fantaisie
en vint tout à coup à madame Richardot. Active et décidée, elle nous
entraîna tous, et, bien que l'accès
de l'église parût impossible, dès sept
heures du matin nous partîmes à
tout hasard. Ce qu'elle nous avait
prédit arriva : des milliers de personnes munies de billets longtemps
à l'avance durent s'en retourner à
Paris sans avoir pu entrer, et nous,
qui n'en avions pas, nous fûmes
placés d'emblée dans une des meil-
leures travées. « Il faut toujours, dans
ces occasions-là, disait madame Richardot, compter sur deux choses,
le désordre qu'on trouve et la volonté qu'on apporte. »

Elle se présenta résolûment aux officiers de service et demanda un petit coin pour elle et sa société. « A la bonne heure, lui fut-il répondu après quelques pourparlers, si vous n'êtes pas nombreux. — Oh! mon Dieu, reprit-elle avec aplomb, nous ne sommes que seize ! » L'officier se mit à rire et nous plaça tous les seize, si bien que nous ne perdîmes pas un détail du spectacle.

Cela était terrible à voir : des frises de bougies ardentes sur le fond noir des tentures, et dans le fond de la nef une immense croix flamboyante, brûlaient la vue et donnaient immédiatement la migraine. La belle architecture de la

basilique était complétement perdue sous les draperies; la profusion
des lumières éblouissait et ne com-
battait pas les ténèbres de ce deuil
monumental. Il fallait deux heures
au moins pour s'habituer à ce scin-
tillement sec sur le velours opaque.
J'entendis madame Pasta dire à côté
de moi à des gens qui admiraient
la richesse de ce décor : « Ce n'est
pas beau, c'est affreux. Cela res-
semble à l'enfer, ou tout au moins
à un *temple de sorciers.* »

La musique, bien qu'admirable,
fut sourde et comme ensevelie dans
une cave. La cérémonie fut inter-
minable. Ces formes de l'antique
étiquette monarchique et religieuse

eussent eu un intérêt historique à
mes yeux, sans la foule de détails
oiseux et incompréhensibles qui les
surchargeait. Une oraison funèbre
prononcée d'une voix frêle dans un
local complétement sourd ne fut
pas entendue de vingt personnes.
Je ne sais quelle antienne, chantée
autour d'un prélat assis, que deux
lévites coiffaient et décoiffaient des
ailes de sa mitre à chaque verset
et répons, dura deux heures et me
parut la plus mauvaise plaisanterie à
laquelle un homme pût se prêter gra-
vement. Puis vinrent tous les princes
de la famille royale, en deuil de
cour violet et en costumes rappelant
ceux des derniers Valois. Ils quit-
tèrent leurs places, les reprirent,

firent de grandes révérences, mirent le genou sur des coussins, saluèrent le roi trépassé, le roi nouveau, mais tout cela dans une pantomime si énigmatique, qu'il eût fallu un livret ou un *cicerone* à chaque spectateur pour lui expliquer le sens et le but de chaque formule. Ce fut la première fois que je vis Louis-Philippe, alors duc d'Orléans. Il était encore jeune d'aspect, et le paraissait d'autant plus que tous les autres princes étaient vieux, cassés, embarrassés de leur allure ou gênés dans leur costume. Il portait le sien avec aisance et paraissait avoir répété sa scène, car il l'exécuta le jarret tendu, la tête haute et avec une sorte de sourire au front. J'entendis

qu'autour de moi les uns vantaient
sa bonne mine, tandis que les
autres maudissaient son air auda-
cieux et railleur. Quelqu'un rapporta
un mauvais calembour politique,
qui venait d'être fait dans l'auditoire
et qui courait déjà de tribune en
tribune. « On aurait dû présenter
à M. le duc d'Orléans un coussin
différent de celui où les princes
se sont agenouillés, un coussin *sans
glands*. »

Ce qui n'était pas bien sanglant,
c'était le mot même, quoiqu'il eût
la prétention d'être une allusion
directe à la part qu'on supposait
avoir été prise dans le drame de

la mort de Louis XVI par Philippe Égalité, père de Louis-Philippe.

Enfin vint le moment vraiment dramatique, celui où le colossal cercueil de plomb fut descendu dans le caveau ouvert. Les cordes se rompirent, les gardes du corps qui le portaient faillirent être entraînés et écrasés. L'expression que l'effort et le danger de cette opération donnèrent à leurs physionomies, les accès lugubres du tam-tam et des cymbales, l'émotion instinctive qui passa dans le public brisèrent la monotonie de la représentation, et beaucoup de femmes, dont les nerfs étaient tendus et excités par la faim, la fatigue et l'en-

nui, fondirent en larmes et laissè-
rent échapper des cris ou des san-
glots.

Enfin, à quatre heures du soir
nous pûmes sortir de l'église, où
nous étions entrés à huit heures
du matin. Jamais la vue du jour
et la sensation de l'air ne me pa-
rurent si agréables.

Quand l'hiver se fit tout à fait,
la famille Richardot et la famille
Malus retournèrent à Paris. Nous
restâmes seuls à Ormesson. Je ne
m'y plaisais pas moins. Je passais
de longues heures dans la solitude
de ce vaste jardin anglais, mélan-
colique paysage de gazons et de

grands arbres. Il y avait une fon-
taine fort jolie et un tombeau om-
bragé de lourds cyprès qui n'étaient
là qu'un ornement de fantaisie, mais
qui n'en avaient pas moins beaucoup de caractère. J'ai pensé plus
tard à ce tombeau en écrivant
quelques pages du roman de *Lélia*.

Maurice venait à merveille et courait autour de moi pendant que je
lisais en marchant. C'est dans ce
parc que j'ai lu les *Essais* de Montaigne en entier. Je ne pouvais me
lasser de cette forme charmante et
de cet aimable bon sens, dont le
scepticisme ne m'a jamais paru dan-
gereux et affligeant, comme je l'ai
ouï dire. Montaigne ne me fait pas

l'effet d'un sceptique, mais d'un
stoïque. S'il ne conclut guère, il
enseigne toujours ; il donne, sans
rien prêcher, l'amour de la sagesse,
de la raison, de l'indulgence pour
les autres, de l'attention sur soi-
même. Son cynisme inspire le goût
de la chasteté, ses doutes condui-
sent au besoin de la foi. Enfin, il
en est de son œuvre comme de
tout ce qui sort d'une belle intelligence : elle fait réfléchir, mais
d'une réflexion saine et calmante.

Un jour que je faisais sauter
Maurice sur un coin de gazon large
comme ses deux pauvres petits
pieds, le jardinier de la maison,
qui était une sorte de régisseur en

l'absence des maîtres, m'admonesta
vertement sur le *dégât* que faisait
mon *jeune homme*. Je lui répondis
sans aigreur que le *dégât* me paraissait nul, et j'emportai mon enfant; mais, chaque fois que je ren-
contrais cet homme bourru, il me
lançait des regards si féroces et répondait avec tant de hauteur au
salut par lequel je le prévenais,
qu'il me faisait peur pour mon
marmot et gênait la sécurité de ma
promenade.

Mon mari passait quelquefois
les nuits à Paris, mon domestique
couchait dans des bâtiments éloi-
gnés, j'étais seule avec ma servante
dans ce pavillon, isolé lui-même

XV.   15

de toute demeure habitée. Je m'étais
mis en tête des idées sombres, depuis que j'avais entendu, dans une
de ces nuits de brouillard dont la
sonorité est étrangement lugubre,
les cris de détresse d'un homme
qu'on battait et qu'on semblait
égorger. J'ai su, depuis, le mot de
ce drame étrange; mais je ne peux
ni ne veux le raconter.

Je me rassurai en voyant peu à
peu que le jardinier qui m'effrayait
ne m'en voulait pas personnellement,
mais qu'il était fort contrarié de
notre présence, gênante peut-être
pour quelque projet d'occupation
du pavillon, ou quelque dilapida-
tion domestique. Je me rappelai

Jean-Jacques Rousseau chassé de château en château, d'ermitage en ermitage, par des calculs et des mauvais vouloirs de ce genre, et je commençai à regretter de n'être pas chez moi.

Pourtant je quittai cette retraite avec regret, lorsqu'un jour mon mari s'étant querellé violemment avec ce même jardinier, résolut de transporter notre établissement à Paris. Nous prîmes un appartement meublé, petit, mais agréable par son isolement et la vue des jardins, dans la rue du Faubourg-Saint-Honoré. J'y vis souvent mes amis anciens et nouveaux, et notre milieu fut assez gai.

15.

Pourtant la tristesse me revint, une tristesse sans but et sans nom, maladive peut-être. J'étais très-fatiguée d'avoir nourri mon fils; je ne m'étais pas remise depuis ce temps-là. Je me reprochai cet abattement, et je pensai que le refroidissement insensible de ma foi religieuse pouvait bien en être la cause. J'allai voir mon jésuite, l'abbé de Prémord. Il était bien vieilli depuis trois ans. Sa voix était si faible, sa poitrine si épuisée, qu'on l'entendait à peine. Nous causâmes pourtant longtemps, plusieurs fois, et il retrouva sa douce éloquence pour me consoler, mais il n'y parvint pas, il y avait trop de tolérance dans sa doctrine pour une âme aussi avide de croyance absolue que l'était la mienne. Cette croyance m'échappait; je ne sais qui eût pu me la rendre, mais, à coup sûr, ce n'était pas lui. Il était trop compatissant à la souffrance du doute. Il la comprenait trop bien peut-être. Il était trop intelligent ou trop humain. Il me conseilla d'aller passer quelques jours dans mon couvent. Il en demanda pour moi la permission à la supérieure madame Eugénie. Je demandai la même permission à mon mari, et j'entrai en retraite aux Anglaises.

Mon mari n'était nullement religieux, mais il trouvait fort bon que je le fusse. Je ne lui parlais pas

de mes combats intérieurs à l'endroit de la foi : il n'eût rien
compris à un genre d'angoisse qu'il
n'avait jamais éprouvée.

Je fus reçue dans mon couvent
avec des tendresses infinies, et,
comme j'étais réellement souffrante,
on m'y entoura de soins maternels.
Ce n'était pas là peut-être ce qu'il
m'eût fallu pour me rattacher à
ma vie nouvelle. Toute cette bonté
suave, toutes ces délicates sollicitudes
me rappelaient un bonheur dont la
privation m'avait été longtemps insupportable, et me faisaient paraître
le présent vide, l'avenir effrayant.
J'errais dans les cloîtres avec un
cœur navré et tremblant. Je me de-

mandais si je n'avais pas résisté à
ma vocation, à mes instincts, à ma
destinée, en quittant cet asile de
silence et d'ignorance, qui eût ense-
veli les agitations de mon esprit
timoré et enchaîné à une règle in-
discutable une inquiétude de volonté
dont je ne savais que faire. J'en-
trais dans cette petite église où j'a-
vais senti tant d'ardeurs saintes et
de divins ravissements. Je n'y retrouvais que le regret des jours où
je croyais avoir la force d'y prononcer des vœux éternels. Je n'avais
pas eu cette force, et maintenant
je sentais que je n'avais pas celle
de vivre dans le monde.

Je m'efforçais aussi de voir le côté

sombre et asservi de la vie monastique, afin de me rattacher aux
douceurs de la liberté que je pouvais reprendre à l'instant même. Le
soir, quand j'entendais la ronde de
la religieuse qui fermait les nom-
breuses portes des galeries, j'aurais
bien voulu frissonner au grincement
des verrous et au bruit sonore des
échos bondissants de voûte en
voûte; mais je n'éprouvais rien de
semblable : le cloître n'avait pas de
terreurs pour moi. Il me semblait
que je chérissais et regrettais tout
dans cette vie de communauté où
l'on s'appartient véritablement, parce
qu'en dépendant de tous on ne
dépend réellement de personne. Je
voyais tant d'aise et de liberté, au

contraire, dans cette captivité qui
vous préserve, dans cette discipline
qui assure vos heures de recueille-
ment, dans cette monotonie de devoirs qui vous sauve des troubles
de l'imprévu!

J'allais m'asseoir dans la classe,
et sur ces bancs froids, au milieu
de ces pupitres enfumés, je voyais
rire les pensionnaires en récréation.
Quelques-unes de mes anciennes
compagnes étaient encore là, mais
il fallut qu'on me les nommât, tant
elles avaient déjà grandi et changé.
Elles étaient curieuses de mon existence, elles enviaient ma *libération*,
tandis que je n'étais occupée inté-
rieurement qu'à ressaisir les mille

souvenirs que me retraçaient le
moindre coin de cette classe, le
moindre chiffre écrit sur la muraille, la moindre écornure du poêle
ou des tables.

Ma chère bonne mère Alicia ne
m'encourageait pas plus que par le
passé à me nourrir de vains rêves.
« Vous avez un charmant enfant,
» disait-elle, c'est tout ce qu'il faut
» pour votre bonheur en ce monde.
» La vie est courte. »

Oui, la vie paisible est courte.
Cinquante ans passent comme un
jour dans le sommeil de l'âme;
mais la vie d'émotions et d'événe-
ments résume en un jour des siè-
cles de malaise et de fatigue.

Pourtant ce qu'elle me disait du bonheur d'être mère, bonheur qu'elle ne se permettait pas de regretter, mais qu'elle eût vivement savouré, on le voyait bien, répondait à un de mes plus intimes instincts. Je ne comprenais pas comment j'aurais pu me résigner à perdre Maurice, et, tout en aspirant malgré moi à ne pas sortir du couvent, je le cherchais autour de moi à chaque pas que j'y faisais. Je demandai de le prendre avec moi. « Ah, oui-da! dit Poulette en riant, un garçon chez des nonnes! Est-il bien petit, au moins, ce monsieur-là? Voyons-le : s'il passe par le tour, on lui permettra de pénétrer chez nous. »

Le tour est un cylindre creux
tournant sur un pivot dans la muraille. Il a une seule ouverture
où l'on met les paquets qu'on apporte du dehors; on la tourne vers
l'intérieur, et on déballe. Maurice se
trouva fort à l'aise dans cette cage
et sauta en riant au milieu des
nonnes accourues pour le recevoir.
Tous ces voiles noirs, toutes ces
robes blanches l'étonnèrent un peu,
et il se mit à crier un des trois
ou quatre mots qu'il savait : « *Lapins! lapins!* » Mais il fut si bien
accueilli et bourré de tant de frian-
dises qu'il s'habitua vite aux douceurs du couvent et put s'ébattre
dans le jardin sans qu'aucun gar-
dien farouche vînt lui reprocher,

comme à Ormesson, la place que
ses pieds foulaient sur le gazon.

On me permit de l'avoir tous les
jours. On le gâtait, et ma bonne
mère Alicia l'appelait orgueilleuse-
ment son petit-fils. J'aurais voulu
passer ainsi tout le carême; mais un
mot de sœur Hélène me fit partir.

J'avais retrouvé cette chère sainte
guérie et fortifiée au physique comme
au moral. Au physique, c'était bien
nécessaire, car je l'avais laissée encore une fois en train de mourir.
Mais au moral, c'était superflu, c'é-
tait trop. Elle était devenue rude et
comme sauvage de prosélytisme. Elle
ne me fit pas grand accueil, me re-

procha sèchement mon *bonheur ter-*
restre, et comme je lui montrais
mon enfant pour lui répondre, elle
le regarda dédaigneusement et me
dit en anglais, dans son style bi-
blique : « Tout est déception et
» vanité, hors l'amour du Seigneur.
» Cet enfant si précieux n'a que le
» souffle. Mettre son cœur en lui,
» c'est écrire sur le sable. »

Je lui fis observer que l'enfant
était rond et rose, et, comme si
elle n'eût pas voulu avoir le dé-
menti d'une sentence où elle avait
mis toute sa conviction, elle me dit
en le regardant encore : « Bah! il
» est trop rose; il est probablement
» phthisique! »

Justement l'enfant toussait un peu.
Je m'imaginai aussitôt qu'il était malade et je me laissai frapper l'esprit par la prétendue prophétie
d'Hélène. Je sentis contre cette nature entière et farouche que j'avais
tant admirée et enviée une sorte
de répulsion subite. Elle me faisait
l'effet d'une sibylle de malheur. Je
montai en fiacre, et je passai la
nuit à me tourmenter du sommeil
de mon petit garçon, à écouter son
souffle, à m'épouvanter de ses jolies
couleurs vives.

Le médecin vint le voir dès le
matin. Il n'avait rien du tout, et il
me fut prescrit de le soigner beaucoup moins que je ne faisais. Pour-

tant l'effroi que j'avais eu m'ôta
l'envie de retourner au couvent. Je
n'y pouvais garder Maurice la nuit,
et il y faisait d'ailleurs affreusement froid le jour. J'allai faire mes
adieux et mes remercîments.

CHAPITRE VINGT-TROISIÈME.

Émilie de Wismes. — Sidonie Macdonald. — M. de Sémonville. — Les demoiselles B***. — Mort mystérieuse
de Deschartres, peut-être un suicide. — Mon frère
commence à accomplir le sien propre par une passion
funeste. — Aimée et Jane à Nohant. — Voyage aux
Pyrénées. — Fragments d'un journal écrit en 1825.
— Cauterets, Argelez, Luz, Saint-Sauveur, le Marborée, etc.

XV.   16

Avant de trouver un appartement
qui nous convînt, nous avions passé
une quinzaine chez ma bonne petite
tante. Clotilde, sa fille, était toujours pour moi une amie parfaite.
Nous faisions ensemble beaucoup de
musique. Installée dans leur voisi-

16.

nage, je les vis souvent durant
l'hiver.

Je revis à cette époque plusieurs
de mes amies de couvent rentrées
dans le monde ou mariées. Émilie
de Wismes, toujours doucement
railleuse, épousa un M. de Cor-
nulier qu'elle s'amusa à me dé-
peindre vieux et laid. Je m'étonnais
de la voir prendre si gaiement son
parti. Je la rencontrai, un soir, avec
ses parents à la sortie de l'Opéra.
« Tiens! me dit-elle, regarde. Je
veux que tu le connaisses; le voilà
qui passe. » C'était le premier pas-
sant ridicule qui se trouvait dans
le couloir; un habit râpé, une tête
à perruque. J'étais consternée, lòrs-

qu'elle éclata de rire. « Console-toi, me dit-elle enfin, ce n'est pas ce monsieur-là, que je ne connais pas. Mon prétendu a vingt-deux ans, et il est mieux. »

Je revis, logée au Luxembourg, dans le même appartement où plus de vingt ans après j'ai dîné chez Louis Blanc, membre du gouvernement provisoire de la république, Sidonie Macdonald, mariée au petit-fils de M. de Sémonville, grand référendaire de la chambre des pairs. C'est en 1839 seulement que j'ai connu M. de Sémonville, un vieillard aimable et charmant, qui avait l'esprit et le cœur d'un jeune homme à quatre-vingt-deux ans, et qui, sé-

tant pris, à première vue, d'une
sympathie exaltée pour moi, me
parlait de son amour avec la timi-
dité et la naïveté d'un collégien.
On m'a dit qu'il avait été fort li-
bertin; il y paraissait si peu à son
langage, que je croirais plutôt qu'il
a dû être romanesque et enthousiaste. Il est mort bien peu de
temps après l'époque où je l'ai rencontré.

Les amies que je fréquentais le
plus, c'était toujours les demoiselles B***. L'aînée était morte; la
seconde, Aimée, était assez grave-
ment malade; Jane, la plus jeune,
mon amie de prédilection, restait
douce et sérieuse. La mort de

Chérie avait brisé Aimée. Jane, la plus chétive, la plus délicate des trois, trouvait des forces surnaturelles dans le dévouement, et soignait sa sœur avec une tendresse angélique. Je n'ai jamais connu une plus belle âme que celle de Jane. Elle est restée pour moi le type de la véritable sainte. Son austérité volontaire ne pouvait rien ajouter à la candeur, à la pureté exquise de ses instincts. Avec ou sans piété, je crois qu'elle était de ces natures à qui la pensée du mal est inconnue, à qui le mal serait impossible. C'était la raison d'une personne mûre, avec l'indestructible naïveté d'un petit enfant. Un calme souverain, divin presque, avec une

sensibilité exquise, une humilité
chrétienne qu'aidait tout naturellement le goût de la modestie et
l'éternel besoin de sacrifier sa per-
sonnalité à celle d'autrui. Toute
cette beauté morale était dans ses
grands yeux noirs, timides à l'habitude, attentifs et pénétrants à l'occasion, profonds comme une nuit
sereine, doux comme un soleil généreux.

Heureux celui qui l'a épousée s'il
a connu son bonheur!

Leur père était riche et vivait
grandement, mais dans une retraite
presque absolue. Je n'ai jamais
compris quel homme c'était, et

pourquoi il a marié si tard ses
filles. Il n'épargnait rien pour leur
faire une existence enchantée. Leur
intérieur était splendide. Jardins,
chevaux, voyages, maîtres d'élite
dans les arts, fleurs rares, oiseaux
précieux, maisons de campagne su-
perbes, tout ce qui pouvait entre-
tenir et flatter des goûts charmants
leur était prodigué. Leurs moindres
désirs étaient même devancés par
de délicates et somptueuses préve-
nances. Et pourtant elles n'étaient
point heureuses, du moins Aimée
languissait sous le poids d'un mal
profond et d'un ennui vainement
combattu par la crainte d'affliger
sa sœur, et Jane, qui se fût trouvée
heureuse partout avec des oiseaux

et des fleurs, souffrait incessamment
des souffrances d'Aimée.

Elles devaient faire le voyage des
Pyrénées au mois de juin suivant,
mon mari devait me conduire chez
son père près de Nérac. Il fut
convenu qu'elles passeraient par
Nohant et que nous irions les re-
joindre à Cauterets, avant d'aller à
Quillery.

Le colonel Dudevant était à Paris
avec sa femme, que je faisais mon
possible pour aimer, bien qu'elle
ne fût pas fort aimable. Le beau-
père était le meilleur des hommes.
Nous dinions souvent chez eux avec
Deschartres, que le vieux colonel

aimait à taquiner et qu'il traitait
de jésuite, tandis que Deschartres
le traitait de jacobin, épithètes aussi
peu méritées d'une part que de
l'autre.

Deschartres s'était logé à la place
Royale. Il avait là, pour fort peu
d'argent, un très-joli appartement.
Il s'était meublé et paraissait jouir
d'un certain bien-être. Il nous en-
tretenait de petites affaires qui
avaient manqué, mais qui devaient
aboutir à une grande affaire d'un
succès infaillible. Qu'était-ce que
cette grande affaire? Je n'y comprenais pas grand'chose; je ne pouvais prendre sur moi de prêter
beaucoup d'attention aux lourdes

expositions de mon pauvre pédagogue. Il était question d'huile de
navette et de colza. Deschartres
était las de l'agriculture pratique. Il
ne voulait plus semer et récolter,
il voulait acheter et vendre. Il avait
noué des relations avec des gens *à
idées*, comme lui, hélas! Il faisait
des projets, des calculs sur le pa-
pier, et, chose étrange, lui si peu
bienveillant et si obstiné à n'estimer
que son propre jugement, il accor-
dait sa confiance et prêtait ses fonds
à des inconnus.

Mon beau-père lui disait souvent :
« Monsieur Deschartres, vous êtes
un rêveur, vous vous ferez trom-

per. » Il levait les épaules et n'en tenait compte.

Il aimait beaucoup Maurice, lequel était plantureusement gâté par le colonel. Quant à madame Dudevant, elle ne pouvait pas souffrir les marmots, et le mien ayant eu quelques malheurs sur le parquet, elle fut si révoltée de cette inconvenance qu'elle m'engagea à ne plus l'amener chez elle qu'atteint et convaincu d'avoir pris toutes les précautions désirables. C'était fort difficile, Maurice n'ayant pas encore bien compris la religion du serment. Il avait dix-huit mois.

Au printemps de 1825 nous re-

tournâmes à Nohant, et trois mois
s'écoulèrent sans que Deschartres
me donnât de ses nouvelles. Étonnée de voir mes lettres sans réponse, et ne pouvant m'adresser à
mon beau-père, qui avait quitté
Paris, j'envoyai aux informations à
la place Royale.

Le pauvre Deschartres était mort.
Toute sa petite fortune avait été
risquée et perdue dans des entreprises malheureuses. Il avait gardé
un silence complet jusqu'à sa dernière heure. Personne n'avait rien
su et personne ne l'avait vu, lui,
depuis assez longtemps. Il avait lé-
gué son mobilier et ses effets à
une blanchisseuse qui l'avait soigné

avec dévouement. Du reste, pas un
mot de souvenir, pas une plainte,
pas un appel, pas un adieu à personne. Il avait disparu tout entier,
emportant le secret de son ambition déçue ou de sa confiance
trahie; calme probablement, car, en
tout ce qui touchait à lui seul,
dans les souffrances physiques
comme dans les revers de fortune,
c'était un véritable stoïcien.

Cette mort m'affecta plus que je
ne voulus le dire. Si j'avais éprouvé
d'abord une sorte de soulagement
involontaire à être délivrée de son
dogmatisme fatigant, j'avais déjà
bien senti qu'avec lui j'avais perdu
la présence d'un cœur dévoué et le

commerce d'un esprit remarquable
à beaucoup d'égards. Mon frère, qui
l'avait haï comme un tyran, plaignit
sa fin, mais ne le regretta pas. Ma
mère ne lui faisait pas grâce au
delà de la tombe, et elle écrivait :
« Enfin Deschartres n'est plus de
ce monde ! » Beaucoup des personnes qui l'avaient connu ne lui
firent pas la part bien belle dans
leurs souvenirs. Tout ce que l'on
pouvait accorder à un être si peu
sociable, c'était de le reconnaître
honnête homme. Enfin, à l'exception
de deux ou trois paysans dont il
avait sauvé la vie et refusé l'argent
selon sa coutume, il n'y eut guère
que moi au monde qui pleurai le
grand homme, et encore dus-je m'en

cacher pour n'être pas raillée, et
pour ne pas blesser ceux qu'il avait
trop cruellement blessés. Mais, en
fait, il emportait avec lui dans le
néant des choses finies toute une
notable portion de ma vie, tous
mes souvenirs d'enfance, agréables
et tristes, tout le stimulant, tantôt
fâcheux, tantôt bienfaisant, de mon
développement intellectuel. Je sentis
que j'étais un peu plus orpheline
qu'auparavant. Pauvre Deschartres,
il avait contrarié sa nature et sa
destinée en cessant de vivre pour
l'amitié. Il s'était cru égoïste, il s'était
trompé : il était incapable de vivre
pour lui-même et par lui-même.

L'idée me vint qu'il avait fini par

le suicide. Je ne pus avoir sur ses
derniers moments aucun détail pré-
cis. Il avait été malade pendant
quelques semaines, malade de chagrin probablement; mais je ne
pouvais croire qu'une organisation
si robuste pût être si vite brisée
par l'appréhension de la misère.
D'ailleurs, il avait dû recevoir une
dernière lettre de moi, où je l'invi-
tais encore à venir à Nohant. Avec
son esprit entreprenant et sa croyance
aux ressources inépuisables de son
génie, n'eût-il pas repris espoir et
confiance, s'il se fût laissé le temps de
la réflexion? N'avait-il pas plutôt cédé
à une heure de découragement, en
précipitant la catastrophe par quelque remède énergique, propre à

emporter le mal et le chagrin avec
la vie? Il m'avait tant chapitrée sur
ce sujet, que je n'eusse guère cru
à une funeste inconséquence de sa
part, si je ne me fusse rappelé que
mon pauvre précepteur était l'inconséquence personnifiée. En d'autres moments, il m'avait dit : « Le
jour où votre père est mort, j'ai
été bien près de me brûler la
cervelle. » Une autre fois je l'avais
entendu dire à quelqu'un : « Si je
me sentais infirme et incurable, je
ne voudrais être à charge à personne. Je ne dirais rien, et je
m'administrerais une dose d'opium
pour avoir plus tôt fini. » Enfin, il
avait coutume de parler de la mort
avec le mépris des anciens et d'ap-

prouver les *sages* qui s'étaient vo-
lontairement soustraits par le suicide à la tyrannie des choses exté-
rieures.

Il est temps que je parle de
mon frère, qui déjà m'avait causé
d'assez vifs chagrins, et qui vivait
tantôt chez moi, tantôt à la Châtre,
tantôt à Paris.

Il s'était marié, peu de temps
après moi, avec mademoiselle Émilie
de Villeneuve, une personne excellente et riche relativement, qui pos-
sédait une maison à Paris, et devait
hériter bientôt d'une terre voisine
de la nôtre. Il ne gérait pas très-

bien dès lors sa petite fortune.
Tour à tour occupé de ses intérêts matériels avec une inquiétude
fiévreuse, et absorbé par la malheureuse passion du vin du cru, si
répandue chez les campagnards ber-
richons, que s'en abstenir à un
certain âge est presque un fait ex-
ceptionnel, il diminua plus qu'il
n'augmenta le bien-être de sa famille, et se vit souvent tourmenté
de dettes dont il noyait le souci
dans l'ivresse.

Cette absurde et funeste infirmité,
car je ne puis considérer l'ivrogne-
rie que comme une maladie lente
et obstinée, fut le tombeau d'une
des plus charmantes intelligences,

d'un des meilleurs cœurs et d'un
des plus aimables caractères que
j'aie jamais rencontrés. Mon frère
avait beaucoup de l'esprit et de
l'âme de notre père, comme il
avait beaucoup de son air et de
sa tournure dans sa jeunesse. Mais,
dès l'âge de trente ans, l'épaississe-
ment moral et physique effaça cette
ressemblance, et il entra avec
acharnement dans un système de
suicide, où son caractère se déna-
tura, où ses facultés s'éteignirent,
où son cœur même s'aigrit, et où
son corps survécut de quelques années à son âme.

De là, des souffrances et des
malheurs réels autour de lui; mais

hélas, dans ce résumé de haute équité, que les morts ne nous *permettent* pas seulement, mais qu'ils nous *commandent* de faire de leur vie, je sens combien ses torts furent involontaires, et combien l'être moral qui est aujourd'hui délivré d'un fatal abrutissement, était nativement inoffensif, intelligent et bon. Un commerce égal et sensé lui était devenu impossible dans les dernières années de sa vie; mais, en rassemblant, dans cette vie morcelée par l'aliénation périodique de l'ivresse, toutes les heures de lucidité où il fut lui-même, on pourrait encore reconstruire une vie précieuse et des souvenirs bénis.

Cette fureur de sauvage à l'endroit du vin et des liqueurs fortes, vint jeter une grosse pierre au milieu de mon repos domestique. D'autres en furent atteints autour de moi. D'autres qui en sont morts aussi, d'autres qui s'en sont corrigés, je ne dirai pas à temps pour le bonheur de leur famille, mais pour la conservation de leur existence.

Mon frère et sa femme avaient une jolie petite fille à peu près de l'âge de Maurice. Ils me l'amenaient souvent et me la laissaient même quelquefois des saisons entières pour qu'elle se fortifiât à la campagne, quand l'exploitation de la maison de Paris les forçait à s'éloigner un peu longtemps. Léontine fut donc élevée en bonne partie avec Maurice, sous mes yeux.

Hippolyte était auprès de nous, je m'en souviens, quand M. Bazonin vint avec ses filles et un vieux magistrat fort aimable, de ses amis, M. Gaillard. Nous fîmes tous ensemble des promenades en voiture. Aimée monta ma laide et généreuse Colette, escortée par mon frère, qui s'abstint de boire pendant quelques jours.

Le 30 juin, nos domestiques et nos ouvriers fêtèrent l'anniversaire de Maurice. On me l'apporta dans une châsse de fleurs, montée par

le menuisier du village, décorée par
le jardinier, et assez semblable à
celle où l'on promène des reliques
ou des figures de saint à la pro-
cession de la Fête-Dieu. On plaça
l'enfant et la châsse au milieu de
la table, on tira force coups de
pistolet et on dansa la bourrée.

Le 5 juillet suivant, c'était aussi
mon anniversaire. J'avais vingt et un
ans. Ce jour-là nous partîmes pour
le Midi. J'ai conservé une relation
en forme de journal que j'écrivis à
cette époque et qui sert d'itinéraire
à mes souvenirs. Il s'y trouve
quelques pages qui peignent ma
situation morale et que je vais
rapporter. J'étais assez mécontente

de la vie, comme on le verra. En outre, j'étais malade, moins pourtant que je ne le paraissais. J'avais une toux opiniâtre, des battements de cœur fréquents et quelques symptômes de phthisie. Mais j'ai été souvent reprise de ce mal, qui s'est toujours dissipé de lui-même, et que j'ai dû attribuer à un état nerveux. A l'époque où j'en suis de mon récit, je ne me croyais pas nerveuse, je me croyais phthisique.

5 juillet 1825.

VOYAGE AUX PYRÉNÉES.

« Dans dix minutes, j'aurai quitté Nohant. Je n'y laisse rien qui

puisse m'inspirer de véritables re-
grets, si ce n'est mon frère. Mais
que cette vieille amitié d'autrefois
s'est donc refroidie! Il rit, il est
gai, à l'heure de mon départ, lui!
Allons, adieu, Nohant, je ne te re-
verrai peut-être plus . . . .

. . . .

CHALUS.

Mes domestiques pleuraient. Je
n'ai pas pu y tenir : j'ai fait comme
eux. J'ai lu en voiture quelques
pages d'Ossian. Le soleil m'a plantée
là, au beau milieu de mes ombres
et de mes étoiles errantes; j'ai pris
le parti de réfléchir, et ce n'est pas
une petite affaire pour moi qui

voudrais pouvoir vivre sans penser
à rien. J'ai pris de belles résolu-
tions pour le voyage : ne pas m'inquiéter du moindre cri de Maurice,
ne pas m'impatienter de la lon-
gueur du chemin, ne pas me cha-
griner des moments d'humeur de
mon ami. . . . .

PÉRIGUEUX.

J'ai parcouru des pays charmants;
j'ai vu de beaux chevaux. Cette
ville-ci me paraît agréable, mais je
suis triste à la mort. J'ai beaucoup
pleuré en marchant; mais à quoi
sert de pleurer? Il faut s'habituer
à avoir la mort dans l'âme et le
visage riant.

TARBES.

Un beau ciel, des eaux vives, des constructions bizarres faites d'énormes galets apportés par le gave, des costumes variés, un rendez-vous forain, des types animés de tout ce côté sud de la France. C'est très-joli, Tarbes; mais mon mari est toujours de bien mauvaise humeur. Il s'ennuie en voyage, il voudrait être arrivé. Je comprends ça; mais ce n'est pas ma faute si le voyage est de deux cents lieues . . . .
. . . .

Peu à peu cet amphithéâtre de montagnes blanches se rapproche et se colore. Malgré l'excessive chaleur, je suis montée sur le siége de la voiture avec mon mari pour mieux voir le pays. Enfin nous sommes entrés dans les Pyrénées. La surprise et l'admiration m'ont saisie jusqu'à l'étouffement. J'ai toujours rêvé les hautes montagnes. J'avais gardé de celles-ci un souvenir confus qui se réveille et se complète à présent; mais ni le souvenir ni l'imagination ne m'avaient préparée à l'émotion que j'éprouve. Je ne me figurais pas la hauteur de ces masses qui touchent les nuages et la variété des adorables détails qu'elles présentent. Les unes sont fertiles et cultivées jusqu'à leur sommet; les autres sont dépourvues

de végétation, mais hérissées de
rocs formidables en désordre comme
au lendemain d'un cataclysme uni-
versel.

La route suit le gave en remon-
tant son cours jusqu'à Cauterets.
C'est en quittant Pierrefitte, c'est en
gravissant une montagne inouïe de
rapidité pour des chevaux attelés,
c'est en entendant mugir le torrent
dans toute sa fureur, que l'âme se
resserre et qu'un sentiment d'effroi
insurmontable vient glacer le cœur.
Là, le jour devient bleuâtre, de
noires montagnes de marbre et d'ar-
doise où se traînent une sombre
bruyère et des arbres nains res-
serrent le ciel. La route serpente

aux flancs d'une gorge, aux parois d'un abîme. Les blocs se penchent et surplombent. Le précipice se creuse, le gave s'enfonce et gronde, tantôt complétement disparu sous une masse de sauvage et splendide végétation, tantôt écumeux, blanc comme la neige dans les murailles arides qui le pressent, ou parmi les rochers qui l'encombrent. Ailleurs, il se rapproche, il s'apaise, il devient limpide et bleu comme le ciel. Des tilleuls à petites feuilles, couverts de fleurs, croissent sur ses rives et apportent aux voyageurs leurs têtes parfumées au niveau du chemin.

Tout cela m'a paru horrible et délicieux en même temps. J'avais

XV.   18

peur, une peur inouïe et sans cause,
une peur de vertige et qui n'était
pas sans charme. J'étais ivre et j'a-
vais envie de crier. Notre domestique Vincent, dont j'avais pris la
place sur le siége, et qui était dans
la voiture avec Maurice et Fanchon,
passait la tête à la portière et disait de temps en temps : « C'est
bien gentil; c'est, ma foi, très-gen-
til. »

Enfin j'aperçus Jane et Aimée à
une croisée. Un instant après nous
nous embrassions follement. Il y a
une chambre pour nous à côté de
la leur.

. . . .

Les appartements sont d'une simplicité primitive et d'une cherté exorbitante. La petite ville ou plutôt le hameau est tout bâti en marbre brut. Les ruisseaux sont de cristal; tout est propre, réparé à chaque dégel, et tout est plein de beau monde assez laid. C'est un vaste hôtel garni.

Ce matin, à peine éveillée, j'ai couru à la fenêtre. Bon! nous voilà en pays de plaine. Où sont donc les montagnes d'hier soir? Où se cachent donc les cataractes dont j'entends le vacarme? Le brouillard était descendu si blanc et si épais que l'on ne voyait pas même le pied des Pyrénées. Il s'éleva peu à

18.

peu, mais par déchirures singulières.
Ce n'était pas, comme dans nos
pays plats, un rideau léger qui se
roule tout doucement sur lui-même.
C'était un voile opaque qui se
fendait par étroites zones, ou qui
se trouait par petites brèches. Cauterets est bâti dans un entonnoir
dont les cimes placent l'horizon,
non pas sous les yeux, mais au-
dessus de la tête. A travers ces déchirures du brouillard, je vis avec
étonnement un petit coin de paysage,
un chalet, un arbre, un troupeau,
une courte prairie, placés verticale-
ment comme un tableau suspendu
à rien, comme un rêve jeté dans
l'espace. La brume, qui se dépla-
çait, l'enveloppa bien vite et mit à

découvert un autre paysage, un sen-
tier, une roche, un massif. Cela
était incompréhensible à la vue.
Enfin tout s'éclaircit, tout s'éclaira.
Ce que j'avais pris pour le ciel était
la nuée, ce qui me paraissait l'espace était la densité.

. . . .

Monsieur *** chasse avec passion.
Il tue des chamois et des aigles. Il
se lève à deux heures du matin et
rentre à la nuit. Sa femme s'en
plaint. Il n'a pas l'air de prévoir
qu'un temps peut venir où elle s'en
réjouira.

Dans le rêve qu'il est permis de faire d'un amour parfait, l'époux ne se créerait pas volontiers la nécessité continuelle de l'absence. Quand des devoirs inévitables, des occupations sérieuses la lui auraient imposée, la tendresse qu'il éprouverait et qu'il inspirerait au retour serait d'autant plus vive et mieux fondée. Il me semble que l'absence subie à regret doit être un stimulant pour l'affection, mais que l'absence cherchée passionnément par l'un des deux est une grande leçon de philosophie et de modestie pour l'autre. Belle leçon sans doute, mais bien refroidissante!

Le mariage est beau pour les amants et utile pour les saints.

En dehors des saints et des amants, il y a une foule d'esprits ordinaires et de cœurs paisibles qui ne connaissent pas l'amour et qui ne peuvent atteindre à la sainteté.

Le mariage est le but suprême de l'amour. Quand l'amour n'y est plus, ou n'y est pas, reste le sacrifice. — Très-bien pour qui comprend le sacrifice. Cela suppose une dose de cœur et un degré d'intelligence qui ne courent pas les rues.

Il y a au sacrifice des compensations que l'esprit vulgaire peut apprécier. L'approbation du monde,

la douceur routinière de l'usage,
une petite dévotion tranquille et
sensée qui ne tient pas à s'exalter,
ou bien de l'argent, c'est-à-dire des
jouets, des chiffons, du luxe : que
sais-je? mille petites choses qui font
oublier qu'on est privé de bonheur.

Alors tout est bien apparemment,
puisque le grand nombre est vulgaire; c'est une infériorité de jugement et de bon sens que de ne pas
se contenter des goûts du vulgaire.

Il n'y a peut-être pas de milieu
entre la puissance des grandes âmes
qui fait la sainteté, et le commode
hébétement des petits esprits qui
fait l'insensibilité.

— Si fait, il y a un milieu :
c'est le désespoir.

. . . .

Mais il y a aussi l'enfantillage,
bonne et douce chose à conserver,
quoi qu'on en dise! Courir, monter
à cheval, rire d'un rien, ne pas se
soucier de la santé et de la vie!
Aimée me gronde beaucoup. Elle ne
comprend pas qu'on s'étourdisse et
qu'on ait besoin d'oublier. « Oublier
quoi? me dit-elle. — Que sais-je?
Oublier tout, oublier surtout qu'on
existe. »

. . . .

Voilà Maurice malade, et je le
redeviens. Je ne vis plus du tout,

ou plutôt je vis trop. Je ne peux
plus me distraire.

. . . .

Maurice est guéri. Je redeviens
folle. Mon mari arrange la partie
d'aller à Gavarnie avec la famille
Leroy. J'ai envie d'en être, et puis
non, et puis oui.

. . . .

Ma foi, oui. Il y a de l'humeur
ici. Je me prends de grande amitié
pour Zoé, quoique * veuille m'en
détourner. Elle prétend que Zoé est
trop gaie; elle ne voit pas clair.
Zoé est gaie... comme moi. * veut
que je m'amuse dans la société de
madame *** dont elle s'est mise à

raffoler et qui n'est pour moi qu'une chipie. On veut que je chante ce soir : *Ebben, per mia memoria.* — *Ebbene,* ça m'ennuie de chanter. Est-ce que je sais chanter, moi? Est-ce que je suis venue à Cauterets pour aller en soirée et retrouver Paris dans ce pays d'aigles et de chamois? Non. Je m'en vas voir des neiges, des torrents, des ours, s'il plaît à Dieu. Il y en avait un l'autre jour à une lieue d'ici, à cent pas du chemin. Il nous regardait passer d'un air bien méprisant.

. . . .

Je suis partie assez triste; * m'a dit des choses dures. Une madame ***, qui dit à tout le monde

qu'elle vient aux eaux dans l'espoir
de faire un enfant, ce qui ne me
paraît pas bien chaste à faire savoir, lui a dit que j'avais tort de
faire des courses sans mon mari. Je
ne vois pas que cela soit, puisqu'il
prend les devants et que je vas où
il veut aller.

Je vois que je ne suis pas sympathique aux personnes qui plai-
sent à *. Je dois dire que c'est
réciproque. Il ne faut pas se dis-
puter là-dessus; il faut se distraire
de ces petites tracasseries et ne pas
entrer dans une vie de petites ja-
lousies et de petits propos. Jane est
toujours un ange. Sa sœur aussi,
après tout. Un peu de divergence

dans les points de vue sur le monde. Ça passera, comme dit ma tante.

Ma tante!..... Je pense à toi. Comme tu es bonne, toi! comme tu es gaie! comme tu es drôle quand tu dis : « Tout ça, tout ça... il n'y a pas de quoi fouetter un chat! » Tu dis cela à propos de tout. Ah! si tu pouvais avoir raison!

. . . .

De Cauterets à Luz, c'est encore plus beau que tout le reste. Même genre de beauté que de Pierrefitte à Cauterets, mais plus sombre, plus déchiré, plus effrayant encore. Le

gouffre du pont d'Enfer donne envie
de se jeter dedans. C'est un torrent
épouvantable qui, en se précipitant,
se roule sur lui-même avec une
gaieté folle.

. . . .

.

LUZ.

Nous avons vu, par les fenêtres
ouvertes du rez-de-chaussée, le bal
de Saint-Sauveur. C'est aussi bête
que celui de Cauterets, bien qu'un
peu plus décoré. Toujours la sauvage musique à base de tympanon.
Cela serait peut-être très-caractéris-
tique avec les airs du pays, mais
personne ne s'en soucie. Ces bons
ménétriers jouent des contredanses

à faire grincer des dents. Les belles
dames et les beaux messieurs font
toilette et figurent, en se parlant
de leurs maux d'entrailles et de
leurs rhumatismes.

. . . .

Je n'avais rien vu, en vérité. De
Luz à Gavarnie, c'est le chaos pri-
mitif, c'est l'enfer. Le torrent, c'est
le *rauco suon della tartarea tromba.*
La grotte du jardin de Gêdres, c'est
la grotte d'Apollon à Versailles
faite par la nature et dans des pro-
portions cyclopéennes. Seulement il
n'y a pas d'Apollon, et c'est bien
mieux. Le Marborée, c'est quelque
chose d'indescriptible. Une muraille

de glaces, de neiges, de rochers in-
commensurables entourant un cirque
où l'on est mouillé par la chute de
cascades de douze cents toises per-
pendiculaires. Des ponts de neige
sur lesquels passent des caravanes
de pâtres et de troupeaux! Que
sais-je? On ne voit pas bien, on
ne peut pas regarder assez. Il y a
trop d'étonnement. On ne pense pas
même au danger. Mon mari est
des plus intrépides. Il va partout et
je le suis. Il se retourne et il me
gronde. Il dit que je me *singularise*.
Je veux être pendue si j'y songe.
Je me retourne, et je vois Zoé qui
me suit. Je lui dis qu'elle se singularise. Mon mari se fâche parce
que Zoé rit. Mais la pluie des cata-

ractes est un grand calmant, et on s'y défâche vite.

*

Les uns ont peur, les autres ont froid. Un monsieur qui est dans le commerce compare la vallée coupée par petits enclos cultivés à une *carte d'échantillons*. Une très-jolie Bordelaise, très-élégante, s'écrie tout à coup avec une voix flûtée et un accent renforcé : *Oh! la tripe me jappe!* Ça signifie qu'elle a faim. Son mari, au contraire, se plaint de la colique et de ses conséquences. Mademoiselle*** se trouve mal dans sa chaise à porteurs. Ses porteurs, qui ont fait sept lieues au pas de course, ne se trouvent pas mieux, bien qu'ils n'aient pas fait la

XV.   19

sottise de se mettre en route avec
trois grands verres de cette traî-
treuse source purgative dans l'estomac. Cette singulière cumulation de
régime, les eaux et la promenade,
font de toutes les parties de plaisir
une ambulance.

Je reste à soigner mademoiselle ***, qui est belle et aimable,
ce qui me prive de me singulariser
jusqu'à admirer le Marborée à mon
aise. Zoé me dit en soupirant :
« C'est affreux de ne pas être seules ou avec des gens intelligents,
ou bien portants tout au moins.
On se tue pour venir voir une chose
inouïe de magnificence, une chose
unique dans l'univers, et il faut

tenir la tête à l'une, rassurer l'autre, écouter les bêtises de tous! »

Le pire, c'est qu'à peine arrivé il faut partir. Il n'y a pas de gîte, il faut refaire sept lieues sur une corniche de deux ou trois pieds de large, où les chevaux ne plaisantent pas avec la nuit. Et puis, dès que le soleil baisse, un froid mortel vous chasse. Les dents claquent dans la bouche dès que l'on n'est plus trempé de sueur par la fatigue de la course.

Moi, je voulais retourner à Cauterets le soir même. Je ne trouve pas Maurice assez guéri pour le laisser deux nuits de suite avec sa

bonne et Vincent. J'avais loué le
matin un cheval de rechange à
Luz, un cheval affreux, mais excellent. Nous partons devant, Zoé et
moi. Nous laissons vite les guides
et la caravane derrière nous. Nous
franchissons au galop les passages
les plus fantastiques. Zoé est insensée de courage. Cela me grise;
me voilà à son niveau. Nous arri-
vons à l'endroit appelé le *Chaos*
une demi-heure avant tout le monde.
Nous pouvons nous arrêter et con-
templer. « Mon Dieu, dit Zoé, nous
voilà seules, quel bonheur! Singula-
risons-nous tout à notre aise. Re-
gardons et admirons. »

Zoé s'exalte. Il y a bien de quoi.

J'aime cette nature enthousiaste, cet esprit généreux, ce cœur intelligent. Nous repartons au galop en entendant arriver la caravane, et nous ne nous ralentissons que quand nous sommes à portée de reprendre la conversation en liberté. De quoi parlons-nous? Ah! que de belles théories en pure perte! L'amour, le mariage, la religion, l'amitié, que sais-je? Elle conclut ainsi : « Nous avons un peu plus d'intelligence et de réflexion que beaucoup d'autres qui ne pensent à rien, et c'est tant pis pour nous! »

J'ai dit bonsoir à Saint-Sauveur et adieu à l'excellent cheval qui ne m'a point cassé le cou, bien que

j'y aie fait mon possible. J'ai repris
mon autre monture et suis rentrée
à Cauterets à la nuit, après avoir
fait trente-six lieues à cheval. Je
ne m'en porte pas plus mal, d'autant plus que j'ai trouvé Maurice
dormant comme un ange, et les
petites querelles oubliées. Pourtant
* me boude un peu à l'occasion.
Elle tient pour le grand monde.
Elle n'en est pourtant pas, et moi
je n'en suis plus, Dieu merci!

. . . .

On se rend des visites. C'est absurde, puisqu'on ne se reverra pas,
et c'est ennuyeux. Nous avons reçu
celle de la princesse de Condé,
veuve du duc d'Enghien. Elle n'est

ni jeune, ni belle, et n'a point l'air distingué. Un grand air de bonhomie protectrice que les badauds prennent pour de la bienveillance et dont ils sont très-fiers. Il n'y a pas de quoi.

Le général Foy est ici. Il est bien malade. Je l'ai rencontré seul, très-pâle, une douce figure, triste, abattue. Il mourra, dit-on.

Madame de Rumfort, veuve d'un savant connu des imbéciles comme moi par ses soupes et ses cheminées, vient d'arriver avec une jeune nièce fort jolie.

Un autre savant, Magendie, vient d'explorer le passage des montagnes

par le tour Mallet. Il a manqué
périr de froid en route. Ses porteurs se sont démoralisés et ont
failli l'abandonner au milieu des
glaces.

Nous vivons d'ours et de chamois, mais nous n'en voyons guère.
Pourtant, l'autre jour, en allant au
lac de Gaube, nous avons vu un
isard et un essai de chasse. L'ïsard
s'est moqué des chasseurs. »

FIN DU TOME QUINZIÈME.

TABLE

DU TOME QUINZIÈME.

TROISIÈME PARTIE.
(*SUITE*.)

CHAPITRE VINGTIÈME.
(Suite.)

Ouverture du testament. — Clause illégale. — Résistance de ma mère. — Je quitte Nohant. — Paris,
Clotilde. — 1823. — Deschartres à Paris. — Mon
serment. — Rupture avec ma famille paternelle.
— Mon cousin Auguste. — Divorce avec la noblesse. — Souffrances domestiques   1

CHAPITRE VINGT ET UNIÈME.

Singularités, grandeurs et agitations de ma mère.
— Une nuit d'expansion. — Parallèle. — Le
Plessis. — Mon père James et ma mère Angèle.
— Bonheur de la campagne. — Retour à la
santé, à la jeunesse et à la gaieté. — Les enfants
de la maison. — Opinions du temps. — Loïsa
Puget. — M. Stanislas et son cabinet mysté-
rieux. — Je rencontre mon futur mari. — Sa
prédiction. — Notre amitié. — Son père. —
Bizarreries nouvelles. — Retour de mon frère.
— La baronne Dudevant. — Le régime dotal.
— Mon mariage. — Retour à Nohant. — Au-
tomne 1823.   63

CHAPITRE VINGT-DEUXIÈME.

Retraite à Nohant. — Travaux d'aiguille moralement utiles aux femmes. — Équilibre désirable
entre la fatigue et le loisir. — Mon rouge-gorge.
— Deschartres quitte Nohant. — Naissance de
mon fils. — Deschartres à Paris. — Hiver de
1824 à Nohant. — Changements et améliorations qui me donnent le spleen. — Été au Plessis. — Les enfants. — L'idéal dans leur société.
— Aversion pour la vie positive. — Ormesson.

— Funérailles de Louis XVIII à Saint-Denis. — Le jardin désert. — Les *Essais* de Montaigne. — Nous revenons à Paris. — L'abbé de Prémord. — Retraite au couvent. — Aspirations à la vie monastique. — Maurice au couvent. — Sœur Hélène nous chasse. 167

CHAPITRE VINGT-TROISIÈME.

Émilie de Wismes. — Sidonie Macdonald. — M. de Sémonville. — Les demoiselles B***. — Mort mystérieuse de Deschartres, peut-être un suicide. — Mon frère commence à accomplir le sien propre par une passion funeste. — Aimée et Jane à Nohant. — Voyage aux Pyrénées. — Fragments d'un journal écrit en 1825. — Cauterets, Argelez, Luz, Saint-Sauveur, le Marborée, etc. 241